四部要籍選刊·經部 蔣鵬翔 主編

阮刻周禮注疏 八

〔清〕阮元 校刻

浙江大學出版社

本册目録

卷三十五

卷三十六

秋官司寇下

卷三十七

卷三十八

附釋音周禮注疏卷第三十五

賈公彦疏

鄭氏注

小司寇之職掌外朝之政以致萬民而詢焉

一曰詢國危二曰詢國遷三曰詢立君外朝朝在雉門

之外者也國危謂有兵寇之難國遷謂徙都改邑也立君謂
無冢適選於庶也鄭司農云致萬民聚萬民也詢謀也詩曰
詢于芻蕘書曰謀及庶人○難乃旦反適丁歷反蕘而招反

【疏】小司至立君○釋曰外朝之職朝士專掌但小
司寇既爲副貳長官亦與朝士同掌之耳故云掌外朝之政
以致萬民者案下文羣吏並在內而此經獨云致萬民者但
羣吏在朝是常萬民不合在朝惟在大事及疑獄乃致之故
特言之也○注外朝至庶人○釋曰外朝在雉門之外則亦
在庫門之外也云國危謂有兵寇之難者謂鄭國來侵伐與
國爲難者也云國遷謂徙都改邑也者謂王國遷徙若殷之
盤庚遷殷之類若遷鄉大夫都邑不在詢限云立君謂無冢
適選於庶也者冢適雙言案內則而言謂適后所生最長者

爲冢若無冢適后所生次冢以下爲適則適者非一若無適則於衆妾所生擇立之衆妾所生非一是以須與衆人共詢可否此三者皆採衆心衆同乃可依用也先鄭引詩及書者證致萬民之意也

其位王南鄉三公及州長百姓北面羣臣西面羣吏東面

羣臣卿大夫士也羣吏府史也其孤不見者孤從羣臣鄉大夫在公後○鄉許亮反長丁丈反見賢遍反

〔疏〕注羣臣至公後○釋曰案射人及司士孤位皆西方東面北上今此獨在東方西面從羣臣之位者孤無職尊之如賓恒在西但此三詢之朝即朝士所掌之位案朝士外朝云左九棘孤卿大夫位焉羣士在其後右九棘公侯伯子男位焉羣吏在其後面三槐三公位焉州長衆庶在其後以此故知孤從羣臣之位三公北面者案郊特牲君之南鄉荅陽之義也臣之北面荅君也三公臣中之尊北面屈之荅君之意知鄉大夫在公後者以州長衆鄉之屬在公後又二鄉公一人明鄉大夫亦在公後可知也每鄉大夫皆別命卿爲之六鄉別也

小司寇擯以敘進而問焉以衆輔志而弊謀

擯謂揖之使前也敘更也輔志者尊王賢明也○擯兵刃反注

同更〔疏〕小司至弊訟○釋曰云以叙進者案小宰六叙皆
音庚〔疏〕先尊後卑則此言以叙進謂先公卿以次而下○
注擯謂至明也○釋曰此既在朝立定而問之明擯者無别
相見之禮故知以次一一揖之使前問之云輔志者尊王賢
明也者專欲難成捨已稽衆聖人無心以百姓
心爲心今能以衆輔成已志是尊王賢明者也**以五刑聽**
萬民之獄訟附于刑用情訊之至于旬乃弊
之讀書則用灋附猶著也故書附作付訊言也用情
理言之冀有可以出之者十日乃斷
之王制曰刑者侀也侀者成也一成而不可變故君子盡心
焉鄭司農云讀書則用法如今時讀鞫已乃論之○訊音信
盡津忍反〔疏〕以五至用法○釋曰云附于刑用情訊之者
鞫九六反〔疏〕以囚所犯罪附於五刑恐有枉濫故用情實
問之使得真實云至于旬乃弊之者緩刑之意欲其欽慎也
云讀書則用法者謂行刑之時當讀刑書罪狀則用法刑之
○注附猶至論之○釋曰引王制云刑者侀也者上刑爲法
下侀爲著謂行法著人身體又訓爲成者意取一成不可變
死者不可復生斷者不可更續是其不可變也故君子盡心
焉不可濫此釋用情訊之也漢時讀鞫已乃論之者鞫謂劾

因之要辭行刑之時讀已乃論其罪也凡命夫命婦不躬坐獄訟爲治獄吏褻尊者也躬身也不身坐者必使其屬若子弟也喪服傳曰命夫者其男子之爲大夫者命婦者其婦人之爲大夫之妻者春秋傳曰衛侯與元咺訟甯武子爲輔鍼莊子爲坐士榮爲大理○爲治于僞反咺況阮反鍼其廉反嚴劉音莊左傳作莊案漢書明帝名莊改爲嚴

疏注爲治至大理○釋曰古者取囚要辭皆對坐治獄之吏皆有嚴威恐獄吏褻尊故不使命夫命婦親坐若取辭之時不得不坐當使其屬或子弟代坐也引喪服傳者喪服經有大夫命婦子夏傳解之云大夫者其男子之爲大夫者也今此云命夫者其男子之爲大夫者誤當以彼爲正云春秋傳者左氏僖二十八年衛侯坐殺弟叔武元咺訴於晉晉使人斷之引之者證命夫命婦不身坐獄訟之事若然元咺甯子鍼莊子皆大夫得坐訟者大夫身不得與士坐訟若兩大夫或代君皆得坐無嫌以是衛侯不得坐使莊子與元咺對坐也若然觀此文命夫命婦惟據大夫不通士案內宰云佐后使治外內命婦先鄭云外命婦卿大夫之妻後鄭云士妻亦爲命婦又閽人云凡外內命夫命婦注內命夫卿大夫士之在宮中者如是士及士妻亦得爲命夫命婦者彼皆據王臣而言王之士有

三命二命一命皆得王命此文兼諸侯臣子男士則
不命以是此文命夫命婦惟據大夫爲文不通士也　**凡王**
之同族有罪不即市　鄭司農云刑諸甸師氏禮記曰刑于隱者不與國人慮兄弟
【疏】注鄭司至兄弟○釋曰此因上論斷獄之事故說王之
同族有罪不即市者不與國人慮兄弟也故先鄭云當
刑諸甸師氏故甸師云王之同姓有辠則死刑焉是也必於
甸師者甸師氏掌耕耨王籍其場上多屋就隱處刑之引禮記
者文王世子文彼據諸侯法云刑于隱者謂就屋中亦不與
國人慮兄弟者若在市朝刑殺國人見之亦謀慮兄弟是與
國人慮兄弟若不於市朝是不與　**以五聲聽獄訟求**
也天子之禮亦然故引爲證也
民情【疏】以五至民情○釋曰案下五事惟辭聽一是聲
而以五聲目之者四事雖不是聲亦以聲爲本
故也案呂刑云惟貌有稽在獄定之後則此五聽亦　**一曰**
在要辭定訖恐其濫失更以五聽觀之以求民情也
辭聽　觀其出言不直則煩【疏】注觀其至則煩○釋曰直則言要理深慮則辭煩義寡故云不直則煩
二曰色聽　觀其顏色不直則赧然○赧女板反【疏】注觀其至赧然○釋曰理直則顏色有厲

理曲。則顏色愧赧小爾雅云不直失節謂之慙愧面慙曰赧心慙曰恧體慙曰悛

三曰氣聽觀其氣息不直則喘○喘昌兗反〔疏〕注觀其至則喘○釋曰虛本心知氣從內發理既不直吐氣則喘

四曰耳聽觀其聽聆不直則惑○聆音零〔疏〕注觀其至則惑○釋曰尚書云作德心逸日休作僞心勞日拙觀其事直聽物明審其理不直聽物致疑

五曰目聽觀其眸子視不直則眊然○眸莫侯反劉無不反眊莫報反本又作旄同〔疏〕注觀其至眊然○釋曰目爲心視視由心起理若直實視聆分明理若虛陳視乃眊亂

以八辟麗邦灋附刑罰辟法也杜子春讀麗爲羅玄謂麗附也易曰日月麗乎天故書附作付附猶著也〔疏〕以八至刑罰○釋曰案曲禮云刑不上大夫鄭注云其犯法則在八議輕重不在刑書若然此八辟爲不在刑書若有罪當議議得其罪乃附邦法而附于刑罰也○注辟法至著也○釋曰以辟爲法謂八者之法子春讀麗爲羅後鄭不從謂麗附也破子春爲羅若作羅則入羅網當在刑書何須更議之也後鄭以不在刑書故須議議訖乃附邦法易曰日月麗于天但天自然無形而得附著者天者自然之氣日月本在虛空而

附自然之氣故得爲附著也

一曰議親之辟

鄭司農云若今時宗室有罪先請是也

（疏）注鄭司至是也○釋曰親謂五屬之内及外親有服者皆是議限親不假貴故親賢能及功勤若貴亦不假餘賢能之等各據一邊則得入議假令既有親兼有餘事亦不離議限

二曰議故之辟

故謂舊知也鄭司農云故舊不遺則民不偷○偷他侯反徐吐豆反

（疏）注故謂至不偷○釋曰此故舊據王爲言是以大宗伯注故舊朋友謂共在學者若伐木詩亦是故友之類先鄭引論語故舊不遺則民不偷言民不偷上行下效亦據人君而說故引爲證議故也

三曰議賢之辟

鄭司農云若今時廉吏有罪先請是也玄謂賢有德行者○行下孟反

（疏）注鄭司至行者○釋曰先鄭舉漢廉吏爲賢後鄭足成故言賢有德行者謂若鄉大夫興賢者能者賢即有六德六行者也

四曰議能之辟

能謂有道藝者春秋傳曰夫謀而鮮過惠訓不倦者叔向有焉社稷之固也猶將十世宥之以勸能者今壹不免其身以棄社稷不亦惑乎○夫音扶鮮息淺反向許亮反

（疏）注能謂至惑乎○釋曰云能謂有道藝者此即鄉大夫興能者能有道藝若保氏云掌養國子以道而教之六

藝是國子與賢者有德行兼道藝若能者惟有道藝未必兼有德也引春秋傳者左氏襄二十一年叔向被囚祁奚作此辭以晉侯使赦小罪存大能引之者證以能議也

五曰議功之辟謂有大勳力立功者

疏注謂有至功者○釋曰此即司勳所掌王功國功之等皆入此功也是以彼皆言功爲首也

六曰議貴之辟鄭司農云若今時吏墨綬有罪先請是也

疏注鄭司至是也○釋曰先鄭推引漢法墨綬爲貴若據周大夫以上皆貴也墨綬者漢法丞相中二千石金印紫綬御史大夫二千石銀印黃綬縣令六百石銅印墨綬

七曰議勤之辟謂憔悴以事國○憔昨遥反悴秦醉反

疏注謂憔悴以事國○釋曰案詩云或憔悴以事國自此已上七者雖以王爲主諸侯一國之尊賞罰自制亦應有此議法是以議能鄭引叔向之事是其一隅也惟八曰議賓惟據王者而言不及諸侯也

八曰議賓之辟謂所不臣者三恪二代之後與○與音餘

疏注謂所至後與○釋曰春秋襄二十五年傳云虞閼父爲周陶正而封諸陳以備三恪之言郊特牲云尊賢不過二代之語故鄭云三恪二代之後案樂記云武王克殷及商未及下車而封黃帝之後於薊

封帝堯之後於祝封帝舜之後於陳下車而封夏后氏之後於杞殷之後於宋此皆自行當代禮樂常所不臣爲賓禮禮之故爲賓也言與者經直云賓不斥所據約後同之故云與以疑之也**以三刺斷庶民獄訟之中**中謂罪正所定○刺七賜反斷丁亂反後皆同〔疏〕注中謂罪正所定○釋曰此經與下文爲目但三刺之言當是罪定斷訖乃向外朝始行三刺庶民已上皆應有刺直言庶民者庶民賤恐不刺賤者尚刺已上刺可知云中謂罪正所定者斷獄終始有三刺刺則罪正所定即當行刑故云罪正所定也**一曰訊羣臣二曰訊羣吏三曰訊萬民**刺殺也三訊罪定則殺之訊言也〔疏〕注刺殺至言也○釋曰云羣臣者士已上云羣吏者府史胥徒庶人在官者云萬民者民間有德行不仕者云刺殺三刺罪定即殺之但所刺不必是殺餘四刺亦當三刺直言殺者舉漢重者而言其實皆三刺是以下文云聽民之所刺宥而施上服下服之刑是兼輕重皆刺也**聽民之所刺宥以施上服下服之刑**宥寛也民言殺殺之言寛寛之上服劓墨也下服宫刖也○劓魚器反刖音月又五

刖〈疏〉注宥寬至刖也○釋曰墨劓施於面故爲上服宫刖反施於下體故爲下服凡行刺必先以物規之如衣服乃施刑故言服也

及大比登民數自生齒以上登于天府大比三年大數民之衆寡也人生齒而體備男八月而生齒女七月而生齒○比毗志反注同上時掌反下注同數所主反〈疏〉注大比三年至七月生齒○釋曰小司寇至三年大按比之時使司民之官登上民數自生齒已上皆登之小司寇乃登於天府云男八月女七月而生齒者按家語本命男子八月生齒八歲而齔齒女子七月生齒七歲而齔齒男子陽得陰而生得陰而落女子陰得陽而生得陽而落故男偶女奇也

內史司會冢宰貳之以制國用人數定而九賦可知國用乃可制耳〈疏〉注人數至制耳釋曰內史掌八柄之等司會主計會冢宰所主兼設故皆取副貳民數簿書得民數乃制國用以其國用出於民故也云人數定九賦可知國用乃可制者鄭偏據九賦而言至九貢九功亦可知也

小祭祀奉犬牲奉猶進也〈疏〉小祭祀至犬牲○釋曰大祭祀自大司寇奉犬牲若小祭祀王玄冕所祭則小司寇奉進犬牲也

凡禋祀五帝實鑊水納亨亦如之納亨致牲也其時鑊水當以洗解牲體肉○鑊戶郭反 疏 凡禋至如之○釋曰云禋祀五帝者祭天曰燔柴即禋祀也故云禋祀五帝五帝所祀謂四時迎氣摠享明堂實鑊水以擬洗肉所用也納亨亦如之納亨致牲謂將祭亨祭之晨實以水亨牲也鄭知實鑊水爲洗解牲肉者以下云納亨亦如之是實鑊水亨煑肉故知此是洗肉也封人云共其水槀亦謂洗牲肉也大賓客前王而辟鄭司農云小司寇爲王道辟除姦人也若今時執金吾下至令尉奉引矣○辟婢亦反劉符益反一音匹亦反沈音避注同後而辟皆放此道音導 疏 注鄭司至引矣○釋曰下士師云諸侯爲賓帥其屬蹕於王宮饗燕時此小司寇爲王辟亦謂於宮中饗燕在寢及廟時也云若今時執金吾下至令尉奉引者漢時執金吾及令尉爲帝奉引猶如小司寇爲王導故引以爲況后世子之喪亦如之 疏 后世至如之○釋曰謂后世子之喪當朝廟之時王出入亦爲王而辟也小師涖戮小師王不自出之師 疏 注小師至之師○釋曰謂王不自出使卿大夫出軍閫外之事將軍裁之軍將有所斬戮

於社主前則小司寇涖戮也凡國之大事使其屬蹕屬士師以下〔疏〕注屬士師以下○釋曰此國之大事即士師云諸侯爲賓是也士師云帥其屬則士師已下皆蹕故此據而言之孟冬祀司民獻民數於王王拜受之以圖國用而進退之司民星名謂軒轅角也小司寇於祀司民而獻民數於王重民也進退猶損益也國用民衆則益民寡則損〔疏〕孟冬至退之○釋曰前文大比登民數於天府據三年大比而言此則據年年民數皆有增減於孟冬春官祭司民之時小司寇以民數多少獻於王也○注司民至則損○釋曰案星經軒轅角有大民○小民之星是軒轅角也云國用民衆則益民寡則損者國家所用財物由民上而來是以國用多少要由民衆寡故民衆則益豐用之民寡則損儉用之歲終則令羣士計獄弊訟登中于天府上其所斷獄訟之數〔疏〕注上其至之數○釋曰羣士謂鄉士遂士已下皆是必登斷獄之書於祖廟天府者重其斷刑使神監之正歲帥其屬而觀刑象令以木

鐸曰不用灋者國有常刑令羣士羣士遂士以下〈疏〉注羣士遂士以下。釋曰此所戒應六官各應其所掌知羣士是遂士以下者以其鄉士已入帥其屬中遂士縣士方士訝士等雖是六十官之屬以其主六遂以外漸遠恐不在屬中故經特云令羣士明羣士是遂士以下可知乃宣布于四方憲刑禁宣偏也憲表也謂縣之也刑禁士師之五禁。偏音遍〈疏〉注宣偏至五禁。釋曰此所宣布則布憲所云者是也此官主之彼乃布之事相成也乃命其屬入會乃致事得其屬之計乃令致之於王。會古外反後要會之字皆放此〈疏〉注得其至於王。釋曰命其屬謂命已下屬官使入會計文狀來乃致事於王故云乃乃緩辭

士師之職掌國之五禁之灋以左右刑罰一曰宮禁二曰官禁三曰國禁四曰野禁五曰軍禁皆以木鐸徇之于朝書而縣于門閭左右

助也助刑罰者助其禁民爲非也宮王宮也官官府也國城中也古之禁書亡矣今宮門有籍官府有無故擅入城門有離載下帷野有田律軍有囂讙夜行之禁其粫可言者○濃音法左右音佐下音又注左右助也同徇似俊反縣音玄粫劉音粗沈才古反〔疏〕士師至門閭○釋曰凡設五刑者刑期于無刑以刑止刑以殺止殺殺一人使萬人懲是欲不使犯罪令於刑外豫施禁禁民使不犯刑是左右助刑罰無使罪麗于民也云書而縣于門閭者爾雅云巷門謂之閎則縣于處處巷門使知之○注左右至言者○釋曰云宮王宮也者謂皐門也云官官府也者謂廬宮人聽事之門云國城中者若王城十二門云古之禁書亡矣者謂在儀禮三千條內而在亡中故舉漢法以況之云離載下帷者謂在車離耦耦載而下帷恐是姦非故禁之云粫可言者古之禁書具不惟如此故云粫可言也以五戒先後刑罰毋使罪麗于民一曰誓用之于軍旅二曰誥用之于會同三曰禁用諸田役四曰糾用諸國中五曰憲用諸都鄙先後猶左右也誓誥於書則甘誓湯誓大

誥康誥之屬禁則軍禮曰無干車無自後射比其類也糾憲未有聞焉○誥戶報反射食亦反疏以五至都鄙○釋曰戒與禁謂典法則亦是所用異異其名耳同是告語使不犯刑罰○注先後至聞焉○釋曰先後猶左右也者皆是相助之義異其名而已云甘誓者啓與有扈戰於甘之野作甘誓云湯誓者湯將伐桀以誓衆云大誥者武王崩周公作以成王令以大義告天下以誅三監以作誥云康誥者周公以成王命封康叔於殷墟誥康叔以治政之事故作誥云之屬者乃有泰誓費誓召誥洛誥之等故言之屬也凡誥誓皆因大會乃爲之故用之於軍旅用之於會同也云禁則軍禮曰無干車無自後射比其類也者易比之九五曰王用三驅失前禽注云王因天下顯習兵于蒐狩焉驅禽而射之三則已發軍禮失前禽者謂禽在前來者不逆而射旁去又不射惟其走者順而射之不中亦已是皆所失用兵之法亦如之降者不殺奔者不禁背敵不殺以仁恩養威之道若然此不自後射亦謂不中之後不重射前敵不破則有追法春秋公追戎於濟西是也

掌鄉合州黨族閭比之聯與其民人之什伍使之相安相受以比追胥之事以施

刑罰慶賞鄉合鄉所合也追追寇也胥讀如宿偦之偦偦謂司搏盜賊也○比毗志反下同比追如字劉張類反胥如字劉思敘反注偦同搏音博劉音付〔疏〕掌鄉至慶賞○釋曰士師掌鄉中合聚之法者以爲有施刑罰也云州黨族閭比之聯即是鄉合之事云與其人民之什伍者此即因內政寄軍令之類五家爲比比即一伍也二伍爲什據追胥之時云使之相安相受者宅舍有故使當比當閭相受寄託使得安穩也云以比追胥者以比什伍使追胥二事也云以施刑罰慶賞者使鄰伍相及也○注鄉合至賊也○釋曰云追追寇者即公追戎於濟西是也胥讀如宿偦之偦者時有夜宿逐賊謂之偦即司搏盜賊是也掌官中之政令大司寇之官府中也〔疏〕掌官中之政令○釋曰士師所施政令惟在當官故鄭云大司寇之官府中也察獄訟之辭以詔司寇斷獄弊訟致邦令詔司寇若今白聽正法辭也致邦令者以法報之〔疏〕察獄至邦令○釋曰獄訟辭訴各有司存謂若鄉士遂士縣士方士各主當司之獄訟其有不決來問都頭士師者則士師審察以告大司寇斷獄弊訟也云致邦令者此即所察獄訟斷訖致與本官謂之

致邦令也

掌士之八成鄭司農云八成者行事有八篇若今時決事比○比必利反〔疏〕掌士之八成○釋曰士之八成言士者此八者皆是獄官斷事成品式士即士師已下是也○注鄭司至事比○釋曰先鄭云成者行事有八篇若今時決事比者即若小宰八成凡言成者皆舊有成事品式後人依而行之決事依前比類決之

一曰邦汋鄭司農云汋讀如酌酒尊中之酌國汋者斟汋盜取國家密事若今時刺探尚書事○汋上灼反注同斟之林反酌音灼刺七亦反又七賜反〔疏〕注鄭司至書事○釋曰云汋讀如酌酒尊中之酌者俗讀之若今刺探尚書事者漢時尚書掌機密有刺探尚書密事斟酌私知故舉爲況也

二曰邦賊爲逆亂者〔疏〕注爲逆亂者○釋曰既云邦賊罪無過此故知爲逆亂若崔杼州吁之等

三曰邦諜爲異國反間○諜音牒間間厠之間〔疏〕注爲異國反間○釋曰異國欲來侵伐先遣人往間候取其委曲反來說之其言諜諜然故謂之邦諜用兵之策勿善於此故孫子兵法云興師十萬日費千金內外騷動以爭一日之勝而受爵祿金寶於人者非民之將故三軍之事莫密於反間殷之興也伊摯在夏周之興也呂牙在殷唯賢聖將能用間以成此兵之要者

也四者犯邦令干冒王教令者○冒音墨〔疏〕注干冒王教令者○釋曰鄭云干冒王教令者謂犯邦令不肯依行五曰撟邦令稱詐以有爲者○撟音矯〔疏〕注稱詐以有爲者○釋曰撟即詐也故鄭云稱詐以有爲者謂詐上命營構僞物之類也六曰爲邦盜竊取國之寶藏者○藏才浪反〔疏〕注竊取至藏者○釋曰謂若定八年陽貨盜竊寶玉大弓以出奔之類是也七曰爲邦朋朋黨相阿使政不平者故書朋作傰鄭司農云朋讀如朋友之朋○傰劉音崩徐音朋又補鄧反〔疏〕注朋黨至之朋○釋曰朋謂朋黨阿曲相阿違國家正法擅生曲法使政不平以罔國法故曰邦朋也八曰爲邦誣誣罔君臣使事失實〔疏〕注誣罔至失實○釋曰謂若君臣相得政教平美其有佞臣誣以惡事致使善政失實者也若邦凶荒則以荒辯之法治之鄭司農云辯讀爲風別之別救荒之政十有二而士師別受其數條是爲荒別之法玄謂辯當爲貶聲之誤也遭飢荒則刑罰國事有所貶損作權時法也朝士職曰若邦凶荒札喪寇戎之故則令邦國都家縣鄙慮刑貶○辯依注音貶風別

之別皆彼列反下傳別及注同數所主反〔疏〕若邦至治之○釋曰凶荒謂年穀不熟民皆困苦則以荒貶之法治之不得用尋常之法○注鄭司至刑貶○釋曰先鄭之言義無所據故後鄭不從後鄭破辨爲貶從朝士職之文也朝士職慮刑貶者彼注謂謀慮緩刑減損國用爲民困苦故也

令移民通財糾守緩刑

移民就賤救困也通財補不足也糾守衞盜賊也緩刑舒民心也○紓音舒本亦作紓〔疏〕注移民至心也○釋曰移民就賤謂可移者將身往也通財補不足謂不可移者即於豐處將財穀以補不足

凡以財獄訟者正之以傳別約劑

傳別中別手書也約劑各所特券也故書別爲辨鄭司農云傳或爲付辨讀爲風別之別若今時市買爲券書以別之各得其一訟則案券以正之○傳音附注同約於妙反又如字〔疏〕注傳別至正之○釋曰此注云傳別中別手書也小宰注爲大手書於一札中字別之語異義同此先鄭云若今時市買爲券書以別之各得其一義與後鄭同故引之在下小宰注先鄭云傳著約束於大書別別爲兩兩家各得其一後鄭不從先鄭至此更爲一解故從之

若祭勝國之社稷則爲之

尸以刑官爲尸略之也周謂亡殷之社爲亳社○亳步各反〈疏〉注以刑至亳社○釋曰案鳧鷖詩宗廟社稷七祀皆稱公尸不使刑官今祭勝國之社稷用士師爲尸故鄭云用刑官爲尸略之也云周謂亡殷之社爲亳社者經云勝國注爲亡殷又云亳社者據周勝殷謂之勝據殷亡即云亡國即郊特牲云喪國之社必屋之是也據地而言即言亳社春秋亳社災是也王燕出入則前驅而辟道王且辟行人○道音導下三公道盜賊道同〈疏〉注道王且辟行人○釋曰導王解前驅且辟行人解而辟王燕出入謂宮苑皆是祀五帝則沃尸及王盥洎鑊水洎謂增其沃汁○洎其器反或音曁〈疏〉注洎謂增其沃汁○釋曰案特牲少牢尸尊不就洗入門北面則以盤匜盥手王盥謂將獻尸時先就洗盥洎鑊水增其沃汁此鑊在門外之東亨牲之爨言須鑊水就爨增之亨實鑊水此官增之示敬而已此直言祀五帝沃尸及王盥其餘冬至夏至及祭先王先公所沃盥者案小祝職云大祭祀沃尸盥小臣職云大祭祀朝覲沃王盥如是則冬至夏至及先王先公小祝沃尸盥小臣沃王盥鬱人云凡祼事沃盥惟在宗廟爲祼時凡刉珥則奉犬牲

珥讀爲衈刉衈釁禮之事用牲毛者曰刉羽〔疏〕注珥讀至
者曰衈○刉音機劉音奇珥而志反注衈同　曰衈○釋
曰鄭爲衈者珥是玉名故破從衈取用血之意知刉衈是釁
禮者雜記云成廟則釁之門夾室皆用雞其衈皆於屋下彼
雖不言刉刉衈相將故知是釁禮知用牲毛者
曰刉羽者曰衈者雜記雜言衈即毛曰刉可知　**諸侯爲**
賓則帥其屬而蹕于王宮　謂諸侯來朝若燕饗時〔疏〕諸侯至王
宮○釋曰士師言帥其屬當官下云屬上士已下皆是也○
注謂諸至饗時○釋曰經云蹕于王宮饗在廟燕在寢言于
王宮故知燕饗時也　**大喪亦如之**〔疏〕大喪亦如之○釋曰大喪在宮中謂朝廟亦在宮中
爲蹕也　**大師帥其屬而禁逆軍旅者與犯師禁**
者而戮之　逆軍旅反將命也犯師禁于行陳也○將子匠反行戶剛反陳直刃反〔疏〕大師
至戮之○釋曰帥其屬亦謂上士已下在軍而戮亦謂戮於社
主前○注逆軍至陳也○釋曰逆軍旅反將命者王在軍自
將違王命亦是反將命王不在梱外之事將軍裁之亦是反
將命犯師禁于行陳者干犯軍之行陳案昭元年晉荀吳敗

狄于太原將戰魏絳。曰請皆卒自我始荀吳之嬖人不肯即卒斬以徇襄三年雞澤之盟晉侯之弟楊干亂行於曲梁魏絳戮其僕魏絳曰軍事有死無犯爲敬此二者是反將命干行陳之事也**歲終則令正要會**定計簿。簿步古反疏注定計簿○釋曰定計簿者年終將考之故也**正歲帥其屬而憲禁令于國及郊野**去國百里爲郊郊外謂之野疏注去國至之野○釋曰正歲憲禁令者取除舊布新之義言于國及郊野者則自國至百里外皆憲禁之也云去國百里曰郊司馬法文郊外謂之野爾雅文

鄉士掌國中鄭司農云謂國中至百里郊也玄謂其地則距王城百里内也言掌國中此主國中獄也六鄉之獄在國中疏鄉士掌國中○釋曰鄉士主六鄉之獄言掌國中者獄居近六鄉之獄皆在國中○鄭司至國中○釋曰先鄭云謂國中至百里郊後鄭不從者六鄉地雖在百里郊内要言國中者指獄而言非通百里爲國中故不從也是以謂其地則距王城百里内言掌國中此主國中獄也云六鄉之獄在國中對六遂之獄在四郊者也

各掌其鄉之民數而糾戒之鄉士八人言各者四人而分主三鄉（疏）注鄉士至三鄉○釋曰鄭以四人分主三鄉者若以八人共主三鄉不得言各既言各則有部分故以四人分主三鄉解之也聽其獄訟察其辭察審也○（疏）注察審也○釋曰鄉士主治獄訟之事故云聽其獄訟察其辭。言審者恐人枉濫也辯其獄訟異其死刑之罪而要之旬而職聽于朝辯異謂殊其文書也要之爲其罪法之要辭如今劾矣十日乃以職事治之於外朝容其自反覆○劾戶代反覆芳服反方士職注同（疏）辯其至于朝○釋曰云辨其獄訟者辯別也獄謂爭罪訟謂爭財事既不同文書亦異云異其死刑之罪者死與四刑輕重不同文書亦異云而要之者文書既得乃後取其要辭雖得要實之辭罪定仍至十日乃後以斷刑之職聽斷于外朝○注辯異至反覆○釋曰云要之爲其罪法之要辭如今劾矣者劾實也正謂棄虛從實收取要辭爲定容其自反覆恐囚虛承其罪十日不飜即是其實然後向外朝對衆更詢乃與之罪司寇聽之斷其獄弊其訟于朝

羣士司刑皆在各麗其灋以議獄訟麗附也各附致其法以成議也

疏 司寇至獄訟○釋曰此即朝衆聽之事獄言斷訟言弊弊亦斷異言耳云羣士司刑皆在者所謂呂刑云師聽五辭一也恐專有濫故衆獄官共聽之云各麗其法者罪狀不同附法有異當如其罪狀各依其罪不得濫出濫入如此以議獄訟也○注麗附至議也○釋曰所議本欲得其實情故須各致其法以成其議致法行刑當與議狀相依也

獄訟成士師受中協日刑殺肆之三日受中謂受獄訟之成也鄭司農云士師受中若今二千石受其獄也中者刑罰之中也故論語曰刑罰不中則民無所措手足協日刑殺協合也和也和合支幹善日若今時望後利日也肆之三日故春秋傳曰三日棄疾請尸論語曰肆諸市朝玄謂士師既受獄訟之成鄉士則擇可刑殺之日至其時而往涖之尸之三日乃反也○汁日音協本亦作協下同不中丁仲反措七故反

疏 獄訟至三日○釋曰此經爲上議得其實欲行刑之時故云獄訟成成謂罪已成定云士師受中者士師當受取上成定中平文書爲案云協日刑殺者謂鄉士當和合善日行刑及殺之事云肆之三日者據死者而

言共四刑之類行訖即放不須肆之。注受中至反也。釋曰云若今二千石受其獄也者漢時受二千石祿稟郡守之等受在下已成之獄官支幹善日者十二辰子丑之等是支甲乙丙丁之等是幹若言甲子乙丑丙寅丁卯之類皆以支配幹而言云若今時望後利日也者月大則十六日爲望月小則十五日爲望利日即合刑殺之日是也云肆之三日者肆陳也殺訖陳尸也云春秋傳者襄二十二年楚令尹子南寵觀起楚人患之子南之子棄疾爲王御士王泣告棄疾言子南罪遂殺子南于朝注云子南公子追舒三日棄疾請尸云論語者憲問篇云公伯寮愬子路於季孫子服景伯謂孔子曰吾力猶能肆諸市朝注云大夫於朝士於市公伯寮是士止應云肆諸市連言朝耳引之者皆證肆之三日之事也玄謂士師既受獄訟之成鄉士則擇可刑殺之日至其時而往涖之尸之三日乃反也者乃反謂收取其尸鄭言此者經云士師受中協日刑殺文無分別恐是士師受中還是士師刑殺故須辨之知非士師刑殺者以其士師是司寇之考摠攝諸士所刑殺者鄉士遂士縣士方士各自往涖之若一一遣士師自行於理不可是以鄭爲此解也。若欲

免之則王會其期免猶赦也期謂鄉士職聽于朝司寇聽之日王欲赦之則用此時親

往議〔疏〕若欲至其期。釋曰所司折斷已得其實情狀案之之既成乃始就朝詳斷王雖欲免必無免法但王者恩深愛物庶欲免之恐有濫行理須親會者也

大祭祀大喪紀大軍旅大賓客則各掌其鄉之禁令帥其屬夾道而蹕

屬中士以下。夾古洽反劉古協反〔疏〕注屬中士以下。釋曰此四者六鄉皆有其事大祭祀若祭天四時迎氣即於四郊大喪紀當葬所經道大軍旅王出行所經過大賓客四方諸侯來朝各由方而入並過六鄉路以是故各掌其鄉之禁令當各帥其屬夾道而蹕知屬是中士以下者鄉士身是上士故云中士以下。

三公若有邦事則爲之前驅而辟其喪亦如之

鄭司農云鄉士爲三公道也若今時三公出城郡督郵盜賊道也。爲于僞反遂士縣士訝士職同〔疏〕三公至如之。釋曰三公有邦事須親自入鄉則鄉士爲公作前驅引道而辟止行人云其喪亦如之者謂公卿大夫之喪死於此者及葬爲之前驅而辟。注鄭司至道也。釋曰云郡督郵盜賊道也者郵謂郵行往來盜賊謂舊爲盜賊即不良之人故郡內督察郵行

者是盜賊之人使之道以況古鄉士爲道相類也凡國有大事則戮其犯命者〔疏〕凡國至命者。釋曰國有大事言戮犯命者止謂征伐田獵之大事故有犯命刑戮之事也。

遂士掌四郊鄭司農云謂百里外至三百里也玄謂其地則距王城百里以外至二百里言掌四郊者此主四郊獄也六遂之獄在四郊〔疏〕注鄭司至四郊。釋曰先鄭云百里外至三百里也者見縣士云掌野去王城四百里曰縣故曰小都任縣地方士云掌都家謂去王城五百里既以鄉士所掌爲去王城百里內惟有二百里三百里二處在當是此遂士掌之故爲此解後鄭不從玄謂其地則距王城百里以外至二百里者後鄭意六遂之地則在二百里中但獄則不在二百里中當在百里四郊上置之亦若六鄉地在王城外獄則在城中然故更云言掌四郊此主四郊之獄六遂之獄在四郊也各掌其遂之民數而糾其戒令遂士十二人言各者二人而分主一遂〔疏〕注遂士至一遂。釋曰遂士十二人序官文亦如鄉士若揔掌不分不得云各既言各掌十二人有六遂是二人分主一遂可知聽其獄訟察其辭辨其獄訟異其死刑之罪而要之二旬而職聽于朝司寇聽之斷其獄弊其訟于朝羣士司刑皆在各麗其灋以議獄訟獄訟成士師受中協日就郊而刑殺各於其遂肆之三日就郊而刑殺者遂士也遂士擇刑殺日至其時往涖之如鄉士為之矣言各於其遂者四郊六遂遂處不同

【疏】聽其至三日。釋曰此一經亦如鄉士獄成就朝聽斷事有異者二旬與鄉士別以其去王城漸遠恐多枉濫故至二旬容其反覆也云就郊而刑殺者鄉士之獄在國中不須言就此在郊差遠故云就郊也言各於其遂者六鄉之獄并在國中不得言各六遂之獄分在四郊之上故須言各也。注就郊至不同。釋曰鄭云就郊而刑殺者遂士也者經云士師受中即云協日就郊刑殺觀其文勢亦恐士師刑殺故云遂士也云遂處不同者六遂分置四郊之外有六處獄還六處置之故云不同也

若欲免之則王令三公會其期令猶命也王欲

放之則用遂士職聽之時命三公往議之〔疏〕注令猶至議之○釋曰若會其期皆在外朝但民有遠近故六鄉獄王冂會其期六遂獄差遠使三公會其期也云令猶命者上文鄉士云命此變命云令令命義不殊故云令猶命也若邦有大事聚衆庶則各掌其遂之禁令帥其屬而蹕大事王所親也〔疏〕注大事王所親也○釋曰案上鄉士在四郊內有大祭祀大喪紀等四事事多故須歷陳此在四郊之外無大祭祀大喪紀惟有大軍旅大賓客出入所經二者有聚衆庶之事故摠云大事聚衆庶耳此雖不言夾道亦當夾道蹕也六鄉若有邦事則爲之前驅而辟其喪亦如之凡郊有大事則戮其犯命者〔疏〕六鄉至命者○釋曰若六鄉近則使三公有邦事此六遂差遠邦事使六鄉往云其喪亦如之者亦謂公卿大夫之喪死於其中者亦爲之前驅而辟也云郊有大事者亦謂六遂之民從軍征伐田獵戮其犯命也

縣士掌野鄭司農云掌三百里至四百里大夫所食晉韓須爲公族大夫食縣玄謂地距王城二百

里以外至三百里曰野三百里以外至四百里曰縣四百里以外至五百里曰都都縣野之地其邑非王子弟公卿大夫之采地則皆公邑也謂之縣縣士掌其獄焉言掌野者郊外曰野大總言之也獄居近野之縣獄在二百里上掌縣之獄在三百里上都之獄在四百里上

【疏】注鄭司至里里○釋曰先鄭意遂士既主二百里三上百里又案載師職小都任縣地在四百里中故云掌三百里至四百里云大夫所食云晉韓須爲公族大夫食縣者即載師職云小都任縣地一也案昭五年楚薳啓疆曰晉韓襄爲公族大夫韓須受命而使矣注云襄韓無忌子也爲公族大夫言須起之門子雖幼已任出使如是韓須爲不爲大夫受命而使時爲公族大夫但年幼或此注當爲韓襄知食縣者下有十家九縣注云韓氏七邑是也玄謂地距王城二百里以外至三百里曰野三百里以外至四百里曰縣四百里以外至五百里曰都鄭言此者欲明此三處之中有三等公邑故更云都縣野之地其邑非王子弟公卿大夫之采地則皆公邑也者王子弟依三等臣分爲三處公在五百里疆地卿在四百里縣地大夫在三百里稍地給此三等采地之外皆是公邑故云則皆公邑案載師注使大夫治此公邑之民二百里三百里其大夫如州長四百里五百里其大夫如縣正云謂之縣縣士

掌其獄焉者主三等之獄摠謂之縣士也云掌野者郊外曰野大摠言之者爾雅云郊外曰野者非謂郊外二百里之中縱四百及五百里皆得謂之野是以遂人亦云掌野野亦謂百里郊外至五百里皆稱野故鄭彼注及此注皆云郊外曰野是大摠而言也鄭言此者欲見縣士云掌野掌三百里外至五百里三處之獄皆是野耳云獄居近者從鄉士掌國中已外遂士掌四郊皆據近而言明此縣士三等獄以次據近而置云野之縣獄在二百里上縣之縣獄在三百里上都之縣獄在四百里上者以三處獄皆名縣者自三百里外有稍縣都縣居中故皆以縣獄爲名若言野縣都據本爲稱若然云掌野則三處摠名野及歷言之則惟三百里得名野者以其以外四百里五百里有縣都之名還指本號二百里中地雖有稍名縣士既言掌野不得不存一野以爲獄名故也案載師云公邑在甸地則二百里中亦有公邑縣士惟掌三百里已外其二百里獄遂士兼掌之矣

各掌其縣之民數糾其戒令而聽其獄訟察其辭辨其獄訟異其死刑之罪而要之三旬而職聽于朝司寇聽之斷其

獄弊其訟于朝羣士司刑皆在各麗其灋以議獄訟獄訟成士師受中協日刑殺各就其縣肆之三日刑殺各就其縣者亦謂縣士也〔疏〕注刑殺至士也○釋曰上鄉士遂士皆解分人各主之義至此縣士鄭雖不言案序官縣士三十有二人縣獄既有三處葢三百里地狹人少當十人四百里五百里地廣民多當各十一人以是故得云各掌其縣之民數也三旬者亦是去王漸遠故加至三旬容其自反覆云亦謂縣士者亦以經文勢相連恐士師刑殺故須解之若欲免之則王命六卿會其期期亦謂縣士職聽之時〔疏〕注期亦至之時○釋曰以其差遠故不使三公而使六卿會其期也

若邦有大役聚衆庶則各掌其縣之禁令若大夫有邦事則爲之前驅而辟其喪亦如之

凡野有大事則戮其犯命者野距王城二百里以外及縣都〔疏〕

若邦至命者○釋曰直言大役不言大事又不言帥其屬而蹕者則非王行征伐之事謂起大役役使民衆故直各掌其縣之禁令而已其喪亦謂公卿大夫之喪有死於此者云凡野有大事則戮其犯命者謂有軍事於此而犯命者也○注野距至縣都○釋曰上掌野雖已解野今此文云凡野恐有別義故鄭詳言之云野距王城二百里以外及縣都者若如此言則不通二百里以內故云距王城二百里以外從野三百里縣則四百里都則五百里還是縣士獄之所主三處也

方士掌都家鄭司農云掌四百里至五百里公所食曾季氏食於都玄謂都王子弟及公卿之采地家大夫之采地大都在畺地小都在縣地家邑在稍地不言掌其民數民不純屬王○畺居良反〔疏〕注鄭司至屬王○釋曰先鄭意縣士既掌四百里中故此方士掌五百里之中云公所食者謂載師所云大都任疆地者也引曾季氏食於都者謂諸侯大都與三公同後鄭不從謂都王子弟及公卿之采地家大夫之采地者欲見此經都是載師大都任疆地小都任縣地家是家邑任稍地王子弟親者與公同百里稍疏者與卿同五十里更疏者與大夫同二十五里引載師職大都在疆地以下為證者是不從先鄭之驗若先鄭以采地唯在四百里五百里之中載師何得有三等之差乎

是以後鄭縣士自掌三等公邑之獄方士自掌三等采地之獄且縣士掌三等公邑之獄親自掌之若方士掌三等采地之獄遥掌之采地自有都家之士掌獄有事上於方士耳云不言掌其民數不純屬王者采地之民雖在王畿之內屬采地之主類畿外之民屬諸侯故云不純屬王

聽其獄訟之辭辯其死刑之罪而要之三月而上獄訟于國三月乃上要者又變朝言國以其自有君異之○上時掌反注下並同（疏）注三月至異之○釋曰此則上文都家之士自治其獄獄成上王府亦於外朝詳聽之事云三月及言國自有君異之者謂異於鄉士遂士縣士之等

司寇聽其成于朝羣士司刑皆在各麗其灋以議獄訟成平也鄭司農說以春秋傳曰晉邢侯與雍子爭鄗田久而無成○鄗許六反劉勑六反或音郝○（疏）司寇至獄訟○釋曰上三處直言司寇聽之此獨云聽其成者成謂采地之士所平斷文書亦是異之類也○注成平至無成○釋曰云春秋傳者左氏昭公十四年之事言晉邢侯是楚人時在晉故與雍子爭鄗田也引之者證成是獄成之

事獄訟成士師受中書其刑殺之成與其聽獄訟者都家之吏自協日刑殺但書其成與治獄之吏姓名備反覆有失實者○(疏)注都家至實者○釋曰謂書其刑殺之成及聽獄人名於上亦是自有君異於鄉士之等也凡都家之大事聚衆庶則各掌其方之禁令方士十六人言各掌其方者四人而主一方也其方以王之事動衆則爲班禁令焉○(疏)凡都至禁令○釋曰都家云大事聚衆庶者則下文修其縣法是也○注方士至令焉○釋曰方士十六人序官文若不分主則不得云各掌故知分之以時脩其縣灋若歲終則省之而誅賞焉縣法縣師之職也其職掌邦國都鄙稍甸郊野之地域而辨其夫家人民田萊之數及其六畜車輦之稽方士以四時脩此法歲終又省之則與掌民數亦相近○近附近之近○(疏)注縣法至相近○釋曰縣師其職普掌天下故云邦國據畿內大都五百里小都四百里稍據三百里甸據二百里郊野據百里徧天下矣夫家猶言男女人民據家之奴婢云與掌民數亦相近者上鄉士之等皆言

民數惟方士不言今此縣師云夫家之數即與民數亦相近言相近者依縣師而知故云相近也。**凡都家之士所上治則主之**都家之士都士家士也所上治者謂獄訟之小事不附罪者也主之告於司寇聽平之。治直吏反注同下有治並同。〔疏〕注都家至平之。釋曰以序有都士家士此云凡都家之士明是彼都士家士也云所上治者謂獄訟之小事不附罪者以其上文已有士師受中爲附罪之大事明此是小事不

訝士掌四方之獄訟鄭司農云四方諸侯之獄訟。〔疏〕注鄭司至獄訟。釋曰案尚書呂刑云四方司政典獄據諸侯爲言此訝士亦云掌四方獄訟又下文諭罪刑于邦國皆言諸侯之事故先鄭云諸侯之獄訟也。**諭罪刑于邦國**告曉以麗罪及制刑之本意。〔疏〕注告曉至本意。釋曰諭爲曉故云告曉以麗罪者謂斷獄附罪輕重也云及制刑之本意者聖人所作刑法正爲息民爲惡故云刑期無所刑以殺止殺是制刑之本意以此二者告曉於諸侯**凡四方之有治於士者造焉**謂讞疑辨事先來詣乃通之於士也士主謂士師也如今郡國亦時遣主者吏詣廷尉議者。造七報反

讞魚竭反（疏）注謂讞至議者。釋曰謂四方諸侯有疑獄不決
士是士師者以其士師受中故知疑獄亦士師受之也云造
焉者謂先造詣訝士乃通之士師也讞白也謂詣白疑辨之
事漢時獄官
號廷尉也

四方有亂獄則往而成之亂獄謂若
君臣宣淫
上下相虐者也往而成之（疏）注亂獄至南獄。釋曰云君
猶呂步舒使治淮南獄　臣宣淫上下相虐者謂若左
氏傳宣九年陳靈公與孔寧儀行父共淫徵舒之母夏姬衷
其衵服以戲于朝又公曰徵舒似汝對曰亦似君泄冶諫被
殺後徵舒射殺靈公二子奔楚楚爲討陳殺徵舒是君臣宣
淫上下相虐之事云往而成之猶呂步舒使治淮南獄者案
前漢書儒林傳呂步舒事江都相董仲舒明春秋公羊仕爲
丞相長史于時淮南王劉安與其大子遷謀反漢武帝詔使
宗正劉德與呂步舒窮
驗其事故注者引之

邦有賓客則與行人送逆之入於國則爲之前驅而辟野亦如之居館則帥其屬而爲之蹕誅戮暴客者客出入則

道之有治則贊之送逆謂始來及去也出入謂朝覲於王時也春秋傳曰晉侯受策以出出入三覲入國入野自以時事○道音導疏注送逆至時事○釋曰云送逆謂始來及去也者以其訝士主以迎送諸侯故從來至去皆送迎之禮也知出入是朝覲於王者以其言出入與晉侯稱出入同故引晉侯事案僖二十八年襄王策命晉侯爲侯伯晉侯受策以出出入三覲注云出入猶去來也從來至去凡三見王王上公廟中將幣三享王禮再祼而酢饗禮九獻食禮九舉三勞三問出入三覲爲行此禮是出入爲朝覲云入國入野自以時事者以其外國至此入國須有親故相見之法入野須有採取之宜並是私事故云時事也凡邦之大事聚衆庶則讀其誓禁疏凡邦至誓禁○釋曰大事者自是在國征伐之等聚衆庶非諸侯之事也則訝士讀其誓命之辭及五禁之法也

朝士掌建邦外朝之灋左九棘孤卿大夫位焉羣士在其後右九棘公侯伯子男位焉羣

吏在其後面三槐三公位焉州長衆庶在其後左嘉石平罷民焉右肺石達窮民焉樹棘以爲位者取其赤心而外刺象以赤心三刺也槐之言懷也懷來人於此欲與之謀羣吏謂府史也州長鄉遂之官鄭司農云王有五門外曰皐門二曰雉門三曰庫門四曰應門五曰路門路門一曰畢門外朝在路門外內朝在路門內左九棘右九棘故易曰係用徽纆寘于叢棘玄謂明堂位說魯公宮曰庫門天子皐門雉門天子應門言魯用天子之禮所名曰庫門者如天子皐門所名曰雉門者如天子應門此名制二兼四則魯無皐門應門矣檀弓曰魯莊公之喪既葬而絰不入庫門言其除喪而反由外來是庫門在雉門外必矣如是王五門雉門爲中門雉門設兩觀與今之宮門同閽人幾出入者窮民蓋不得入也郊特牲譏繹於庫門內言遠當於廟門廟在庫門之內見於此矣小宗伯職曰建國之神位右社稷左宗廟然則外朝在庫門之外皐門之內與今司徒府有天子以下大會殿亦古之外朝哉周天子諸侯皆有三朝外朝一內朝二內朝之在路門內者或謂之燕朝○長丁丈反注同罷音皮司圜職同刺七賜反下同纆亡北反示于之豉反

又如字本或作賓叢才公反覿古亂反闇音昏疏注樹棘繹音亦徐音夕見賢遍反與音餘下國服與同至燕朝釋曰云取其赤心而外棘者據王制三刺而言云槐之言懷也者懷來人於此欲與之謀此亦據三詢而言也云州長鄉遂之官者州長是鄉之官兼言遂者鄉之官既在此明六遂之官亦在此故言遂以苞之先鄭云王有五門外曰皋門二曰雉門三曰庫門四曰應門五曰路門路門一曰畢門者畢門之言出自顧命故顧命云二人爵弁執惠立於畢門之內是也云外朝在路門外內朝在路門內者此後鄭皆不從云左九棘右九棘故易曰係用徽纆寘于叢棘者證九棘之朝斷罪人之朝也云玄謂明堂位說魯公宮曰庫門天子皋門雉門天子應門言魯用天子之禮所名曰庫門者如天子皋門所名曰雉門者如天子應門此名制二兼四後鄭言此者欲破先鄭以天子雉門在庫門外爲之若然魯作庫門名曰皋門其制則與天子皋門同是制一兼二庫門向外兼得皋門矣魯作雉門名曰應門其制與天子應門同是亦制一兼二則雉門向內兼得應門矣是魯制二兼四之事魯之庫門既向外兼皋門魯之雉門又向內兼應門則天子庫門在雉門外何得庫門倒在雉門內此爲一明又引檀弓曰魯莊公之喪既葬而絰不入庫門言其除喪而反由外來是庫門在

雉門外必矣者時魯有慶父作亂閔公遭莊公之喪既葬之
後不得既虞變服既葬而反則除喪也服吉而入以服慶父
之心故也若庫門在内雉門在外應云而絰不入雉門何得
云不入庫門故鄭云是庫門在雉門外必矣上以制二兼四
推出庫門在雉門外將爲未大明更以絰不入庫門乃大明
故言必矣云如是王五門雉門爲中門巳下更欲破先鄭外
朝在路門外事雉門既爲中門雉門設兩觀公羊傳文與今
之宫門同舉漢以況周矣云閽人幾出入者窮民蓋不得入
也者若外朝在路門外中門内外朝有右肺石達窮民中門
既有閽人幾則何得度中門入于路門乎明外朝在中門外
矣又引郊特牲及小宗伯者欲見庫門内雉門外中門不得
置外朝之事何者郊特牲譏繹于庫門内言遠譏其太遠
云當於廟者宜在廟門西故云當於廟也云廟在庫門之内
見於此矣者欲見中門外有廟又引小宗伯者見社廟在中
門外既然中門外有社稷宗廟在於左右不得置外朝可知
云然則外朝在庫門之外皋門之内與者無正文推量爲義
故云與以疑之也舉漢法者況義耳云天子諸侯皆有三朝
外朝一内朝二者天子外朝一者即朝士所掌者是也内朝
二者司士所掌正朝大僕所掌路寢朝是二也諸侯内朝二
者玉藻云朝于内朝朝羣臣辨色始入君日出而視朝退適

路寢使人視大夫大夫退然後適小寢彼亦路門外內二者爲內朝二閔二年季友將生卜人云間于兩社爲公室輔兩社周社亳社是兩社在大門內中門外爲外朝是諸侯外朝一內朝二三文疏已在射人云在路門內或謂之燕朝者大僕云掌燕朝之服位是也

帥其屬而以鞭呼趨且辟趨朝辟行人執鞭以威之○趨本又作趨同

（疏）帥其至且辟○釋曰其屬者案序官朝士中士六人府三人史六人胥六人徒六十人云帥其屬者是徒六十人爲之

禁慢朝錯立族談者慢朝謂臨朝不肅敬也錯立族談違其位傳語也○傳徐子損反劉才官反李一音纂

（疏）注慢朝至語也○釋曰朝士所禁則無問貴賤皆禁之云錯立族談者族聚也云違其位解錯立傳亦聚也聚語解族談也○

凡得獲貨賄人民六畜者委于朝告于士旬而舉之大者公之小者庶民私之得而取之曰獲委於朝十日待來識之者人民謂刑人奴隷逃亡者司隷職曰帥其民而搏盜賊鄭司農云若今時得遺物及放失六畜持詣鄉亭縣廷大者公之

大物沒入公家也小者私之小物自畀也玄謂人民之小者未齓七歲以下○俘音孚搏音博又音付失音逸又如字畀必二反齓初謹反又勑謹反劉測吝反沈創允反毀齒也〔疏〕注俘而至以下○釋曰經云告于士者得物之人告朝士乃委之於朝云俘而取之曰獲者則得者非所俘也所俘即人民六畜其餘貨財之等稱得云人民謂刑人奴隸逃亡者謂所犯大罪身死男女幼者沒入縣官爲奴隸而逃亡者也即司隸職所云者也云玄謂人民之小者未齓七歲以下者案家語本命男子七歲而齓齒女子八歲而齓齒此言七歲據男子若女子則八歲皆別人所生諸處八歲是男七歲是女

凡士之治有期日國中一旬郊二旬野三旬都三月邦國朞期內之治聽期外不聽鄭司農云謂在期內者聽期外者不聽若今時徒論決滿三月不得乞鞫○治直吏反下之治以治及司民職王治并注同期居其反鞫九六反劉已日反〔疏〕凡士至不聽○釋曰云凡士之治有期日者即上文鄉士聽訟于朝者鄉士一旬遂士二旬期日即上鄉士遂士之等獄訟成來於外朝職聽遠近節之皆有期日云國中者謂獄在國中據鄉士云郊

二何者謂獄在郊據遂士云野三何者謂野之縣獄三處皆是野云都三月者謂方士掌都家云邦國朞者謂訝士雖不云期日差之邦國當訝士所掌云期內之治聽期外不聽者所以省煩息訟也

凡有責者有判書以治則聽 判半分而合者故書判爲辨鄭司農云謂若今時辭訟有劵書者爲治之辨讀爲別謂別券也玄謂古者出責之息亦如其國服與○注判半○爲治于僞反下爲治爲民同別彼列反下同

〔疏〕至服與○釋曰云判半分而合者即質劑傳別分支合同兩家各得其一者也云玄謂古者出責之息亦如國服與者案泉府云凡民之貸者以國服爲之息彼謂貸官物之法今此是私民謂出責之法無正文約與之同故云與以疑之若然國服者如地之出稅依載師近郊十一之等若近郊民取責一歲十千出一千遠郊二十而三者二十千歲出三千巳外可知之國服依國民服事出稅法故名國服也

凡民同貨財者令以國灋行之犯令者刑罰之 鄭司農云同貨財者謂合錢共賈者也以國法行之司市爲節以遣之玄謂同貨財者富人畜積者多時收斂之乏時以國服之法出之雖有騰躍其贏不得過此以利出者與取者過此則

罰之若今時加貴取息坐臧○共如字賈音古畜勅六反積子賜反又如字出尺遂反劉勅類反又如字坐才臥反【疏】凡民至罰之○釋曰云同貨財者謂財主出債與生利還生則同有貨財令以國法國法即國服爲之息利故云國法行之犯令者違國法也○法鄭司至坐臧○釋曰先鄭所解無所依據後鄭不從故云雖有騰躍其贏者謂賤易得利多少者爲騰躍其贏謂其贏利騰踴一躍而出故晉灼曰言市物賤預買畜之物貴而出賣之故使物騰躍是其事以利出者與取者依常契獲利取者又騰躍所贏二者俱有利物違國服則爲犯令得刑

凡屬責者以其地傳而聽其辭

鄭司農云謂訟地畔界者田地町畔相比屬故謂之屬責以地傳而聽其辭以其比畔爲證也玄謂屬責轉責使人歸之而本主死亡歸受之數相抵冒者也以其地之人相比近能爲證者來乃受其辭爲治之○屬如字或音燭注同傳音付注同町徒頂反又他頂反比毗志反下及下文大比同抵丁禮反○【疏】注鄭司至治之○釋曰先鄭見經有地即以爲訟地畔界解之後鄭不從以其經稱責地畔界不得名責其云地傳者先鄭皆以音附爲傳近讀之云玄謂屬責轉責使人歸之者謂有人取他責乃別轉與人使子本依契而還財主

財主死亡者轉責者或死或亡也受責之人見轉責者死亡則許言所受時少是歸受之數相抵冒也云則以其地之人相比近能爲證者來乃受其辭爲治之者謂以其地相比近委其事實故引以爲證也言能爲證者則有不能爲證之法地雖相近有不知者則不能爲證乃不受其辭而不治之也○

凡盜賊軍鄉邑及家人殺之無罪 鄭司農云謂盜賊羣輩若軍共攻盜鄉邑及家人者殺之無罪若今時無故入人室宅廬舍上人車船牽引人欲犯法者其時格殺之無罪○上時掌反下文以上并注同 疏注鄭司至無罪○釋曰盜賊並言者盜謂盜取人物賊謂殺人曰賊鄉據鄉黨之中邑據鄭邑之內家人者先鄭舉漢賊律云牽引人欲犯法則言家人者欲爲姦淫之事故攻之

凡報仇讎者書於士殺之無罪 謂同國不相辟者將報之必先言之於士○辟音避 疏注謂同至於士○釋曰凡仇人皆王法所當討得有報仇者謂會赦後使已離鄉其人反來還於鄉里欲報之時先書於士士即朝士然後殺之無罪

若邦凶荒札喪寇戎之故則令邦國都家縣鄙慮刑

貶故書慮爲憲貶爲窆杜子春云窆當爲禁憲謂幡書以明之玄謂慮謀也貶猶減也謂當圖謀緩刑且減國用爲民困也所貶視時爲多少之法○窆彼驗反〔疏〕若邦至刑貶○釋曰凶荒謂年穀不熟札喪謂疫病及死喪寇戎謂鄰國交侵邦國據畿外都家謂畿內三等采地縣鄙謂六遂之內不言六鄉舉六遂則六鄉亦在其中云慮刑貶者謂國有此事則朝士當謀慮緩刑自貶損之不得仍依常法也○注故書至之法○釋曰子春以爲憲與禁後鄭謂所貶視時爲多少之法此經所有之事重民益困則所貶多所有之事輕民困不至甚則所貶少故云視時爲多少之法也○

司民掌登萬民之數自生齒以上皆書於版辨其國中與其都鄙及其郊野異其男女歲登下其死生登上也男八月女七月而生齒版今戸籍也下猶去也每歲更著生去死○去起呂反下同著丁略反○〔疏〕注登上至去死○釋曰云辨其國中與其都鄙者國中據六鄉在城中者都鄙據三等采地及其郊野者郊謂六鄉之民在四郊者野謂六遂及四等公邑是徧畿內矣云男八月女七月而生齒者家語本命篇

疏已具於上○及三年大比以萬民之數詔司寇司寇及孟冬祀司民之日獻其數于王王拜受之登于天府內史司會冢宰貳之以贊王治鄭司農云文昌宮三能屬軒轅角相與爲體近文昌爲司命次司祿次司民玄謂司民軒轅角也天府主祖廟之藏者贊佐也三官以貳佐王治者當以民多少黜陟主民之吏○能吐才反近附近之近○【疏】及三至王治○釋曰云及孟冬祀司民之日者謂司寇於春官孟冬祭祀司民星之日以與司寇爲節此日司寇獻其民數于王云王拜受之登于天府者重此民數民爲邦本故也云內史司會冢宰貳之者以其內史掌八柄司會掌天下大計冢宰貳王治事皆掌大事故皆寫一通副貳民數藏之所以贊助王之治也○注鄭司至之吏○釋曰先鄭云文昌宮三能屬軒轅角相與爲體近文昌爲司命次司中次司祿次司民武陵太守星傳文昌第一曰上將第二曰次將第三曰貴相第四曰司命第五曰司中第六曰司祿不見有司民三台六星兩兩相居起文昌東南別在大微亦無司民之事故後鄭不從云司民軒轅角也者

案軒轅星有十七星如龍形有兩角角有大民小民故依之也云黜陟主民之吏者即六鄉六遂大夫公邑大夫釆地之主皆是也

附釋音周禮注疏卷第三十五

南昌盧氏宣旬校

大清嘉慶二十一年
用文選樓藏本校

知南昌府張敦仁署鄱陽縣候補知州周澍栞

周禮注疏卷三十五校勘記　阮元撰盧宣旬摘録

附釋音周禮注疏卷第三十五

小司寇

鄉大夫在公後　諸本皆誤作卿大夫惟此本不誤按賈疏鄉大夫有申釋之辭

知鄉大夫在公後者　惠挍本閩本同監毛本鄉誤卿

小司寇擯以敘進而問焉　唐石經諸本同葉鈔釋文作賓以必刃反注同

㒸有可以出之者　錢鈔本嘉靖本閩本同大字本監毛本㒸作冀

如今時讀鞫已　岳本鞫作鞠俗字

其婦人之爲大夫之妻者　大字本錢鈔本嘉靖本閩本同監毛本作大夫妻䏆之

理曲則頩色愧赧小爾雅云　宋本曲作虛無爾

觀其眸子視 閩監毛本同大字本岳本嘉靖本眸作牟葉鈔釋文及錢鈔本載音義同當據正○按說文無眸字漢人祗用牟

杜子春讀麗爲羅 岳本羅改罹非○按羅罹古今字說文無罹

日月麗乎天 宋本嘉靖本乎作于此本疏中引易同

故書附作付附猶著也 大字本錢鈔本岳本嘉靖本閩本同監毛本脫下附

則民不偷 閩監毛本同大字本岳本嘉靖本偷作愉葉鈔釋文及岳本載音義同此作偷俗字○按說文無偷

上行下效 毛本同閩監本效作効

故引爲證議故也 宋本同閩監毛本爲改以

祁奚作此辭以告晉侯 宋本告作諫

謂有大勳力立功者　大字本錢鈔本嘉靖本毛本同閩監本力改勞非

銀印黃綬　漢制考作青綬

云虞閼父爲周陶正　惠按本同閩監毛本云作有此誤下郊特牲有同

而施上服下服之刑　閩本同監毛本而作以依經所改

其時鑊水當以洗解牲體肉　盧文弨曰通考引此時作實按疏云鄭知實鑊水爲洗解牲肉者據疏本作實字

士師

以左右刑罰　唐石經諸本同毛本罰改罸注及下並同

今宮門有籍　閩本同誤也大字本錢鈔本嘉靖本監毛本皆作符籍漢制考所引同當據正

謂廬宮入聽事之門　閩本同監毛本宮作官

謂在車離耦耦載而下帷 漢制考耦字不重○按不重者非也在車離耦謂獨坐一車者耦載而下帷謂同坐一車而下帷皆形迹可疑

古之禁書其下帷如此 閩監毛本其下作具不元本閩監毛本是也

比其類也 大字本錢鈔本嘉靖本毛本同岳本比作此監本同閩本先作比後改此疏中同按賈疏本作比引易比九五釋之釋文比字無音蓋陸本作此也漢制考作比○按疏引比九五爻辭以爲無干車無自後射之證於此其類無涉也禁之凡必多引此軍禮一條言曰此其類也猶上云之屬耳比字必是譌字疏亦未嘗作比也

周公作以成王令 惠按本同閩本剜改作以爲輔相監毛本從之則令字屬下以大義告天下爲句

乃有秦誓費誓召誥洛誥之等 閩本同監毛本乃改仍

掌鄉合州黨族閭比之聯 唐石經族誤族監本聯改聯

胥讀如宿偦之偦 毛本下偦誤胥漢讀考作讀爲云今本作如誤○按說文無偦此漢字之不見於說文者凡許文所無不得盡謂之俗字

若今白聽正法解也 大字本錢鈔本嘉靖本閩毛本同監本及漢制考白作日誤

則士師審察 惠校本作察審

汋讀如酌酒尊中之酌 九經古義云詩正義曰汋酌古今字周頌酌左傳作汋公羊僖八年傳云蓋酌之也穀梁作汋

斟汋盜取國家密事 諸本同閩監本汋改酌非釋文亦作斟汋

故舉爲況也 宋本舉下有受

故書朋作傰 禮說云漢書王尊傳有南山盜傰宗蘇林曰傰音朋晉灼音倍說文作倗讀若陪管子幼官篇散羣傰署○按倗者正字傰者俗寫多山

朋讀如朋友之朋　大字本錢鈔本閩監毛本同誤也宋本嘉靖本作讀爲當據正

則以荒辯之法治之　唐石經大字本嘉靖本作荒辯之法閩監毛本作荒辯之灋此作法承石經之誤辯作辨爲異疏同釋文亦作荒辯

而士師別受其教條　閩監毛本同大字本宋本岳本嘉靖本教作數按釋文作數條音所主反則作教者誤也

衛盜賊也　岳本閩本同誤也大字本錢鈔本嘉靖本監毛本衛作備當據以訂正

故書別爲辨　閩本同誤也諸本辨皆作辯當據正

辨讀爲風别之别　閩監毛本同誤也大字本錢鈔本嘉靖本及漢制考辨皆作辯當據以訂正

訟則案券以正之　此本訟誤故今據諸本訂正毛本券案誤倒

據殷亡郎云亡國　此本國字剜擠閩監毛本排勻

廢國之社必屋之　閩監毛本廢改喪

王燕出入謂宮苑皆是　閩本同監毛本王改言

厄刉珥　唐石經諸本同岳本刉作刏注同

將戰魏絳曰　惠挍本絳作舒此誤○按據左傳乃魏舒語

皆憲禁之也　惠挍本憲作縣

鄉士

辯其獄訟　嘉靖本閩監毛本及漢制考同唐石經大字本錢鈔本辯作辨注中同當據以訂正此本疏中引經亦作辨嘉靖本注中作辦卽辦字之訛按注云辨異謂殊其文書是當作辨別字也

恊日刑殺　錢鈔本及漢制考同唐石經大字本嘉靖本閩監毛本恊作協注及疏同按釋文作汁日云音協本亦作協下同○按汁恊古今字

漢時受二千石祿稟閩監毛本稟改廩

若今時三公出城郡督郵盜賊道也漢讀考云廣韻引釋名曰督郵主諸縣罰負郵殷糾攝之此盜賊似衍字郡督郵爲三公導若鄉士爲三公導也按賈疏本有盜賊二字并曲爲之說

故郡內督察郵行者漢制考郡內作內郡此本者誤於今據閩監毛本及漢制考訂正

遂士

而糾其戒令唐石經諸本同岳本而字誤在令下毛本令誤命

縣士

二百里中地雖有稍名閩監毛本作三百里此誤

亦謂縣士也監本注脫也疏標起訖刑殺至士也改作刑殺至縣士誤甚

方士

方士自掌三等采地之獄　閩毛本同監本誤作親自掌之若方士掌三等

故云邦國據畿內　閩本同監毛本有據畿外都鄙五字此脫

郊野據百里　閩本同監毛本野作外非

訝士

故云刑期無所刑　按所當衍

朝士

據王詢三刺而言　閩本同監毛本王作三〇按三是也三詢見小司寇

故言遂以苞之　閩監毛本苞改包

此爲一明　此本一字鈌壞浦鏜云一疑大訛

云帥其屬者　閩本同監毛本者作當

委于朝　嘉靖本于誤於

持詣鄉亭縣廷　大字本持作特誤漢制考亦引作持

皆別人所生　監毛本同惠挍本别作刑此誤閩本生誤主此本缺一頁今據閩本補挍

邦國朞　諸本同唐石經缺釋文出國期音居其反○按期者正字朞者俗字

有券書者　按券字从刀各本譌从力則是倦字也

亦如其國服與　岳本閩本有其字大字本錢鈔本嘉靖本監毛本並無按賈疏引注亦無其字有者衍文

此是私民謂出責之法　盧文弨云謂疑衍

雖有騰躍其贏　此本注缺疏中引贏作嬴

今以國法　浦鏜云令誤今

爲之息利　閩本同監毛本改利息

一躍而出　宋本一作乘此誤

司民

近文昌爲司命次司禄　補毛本司命下有次司中三字與疏合

黜陟主民之吏　大字本岳本嘉靖本閩本同監毛本主誤王疏中不誤

文昌第一曰上將　毛本上誤王○按大宗伯疏亦作上可證

周禮注疏卷三十五挍勘記終

南昌袁泰開挍

附釋音周禮注疏卷第三十六

鄭氏注　賈公彥疏

司刑掌五刑之灋以麗萬民之罪墨罪五百劓罪五百宮罪五百刖罪五百殺罪五百墨黥也先刻其面以墨窒之劓截其鼻也今東西夷或以墨劓爲俗古刑人亡逃者之世類與宮者丈夫則割其勢女子閉於宮中若今宦男女也刖斷足也周改臏作刖殺死刑也書傳曰決關梁踰城郭而略盜者其刑臏男女不以義交者其刑宮觸易君命革輿服制度姦軌盜攘傷人者其刑劓非事而事之出入不以道義而誦不詳之辭者其刑墨降畔寇賊劫略奪攘撟虔者其刑死此二千五百罪之目略也其刑書則亡夏刑大辟二百臏辟三百宮辟五百劓墨各千周則變焉所謂刑罰世輕世重者也鄭司農云漢孝文帝十三年除肉刑○劓魚器反李魚介反又疑既反刖音月又五刮反李音五骨反黥其京反窒本又作涅同乃結反徐丁吉反又丁結反與音餘斷丁管反臏頻忍反徐方忍反劓符人反攘如羊

反降戸江反撟居兆反

疏注墨黥至肉刑○釋曰案尚書呂刑有劓刖椓黥是苗民之虐刑至夏改爲黥則黥與墨別而云墨黥者舉本名也云今東西夷或以墨劓爲俗古刑人亡逃者之世類與者墨劓之人亡逃向夷詐云中國之人皆墨劓爲俗夷人亦爲之相襲不改故云墨劓爲俗也言與者無正文鄭以意而言也故言與以疑之云若今宦男女也者即宮人婦女及奄人獲守内閽者也云刖斷足也周改臏作刖者臏本亦苗民虐刑咎繇改臏作剕至周改剕作刖書傳云臏者舉本名也云男女不以義交者其刑宮者以義交謂依六禮而婚者云謂易君命者觸君命令不行及改易之云革輿服制度者依典命上公九命國家宮室車旗衣服禮儀皆以九爲節侯伯已下及卿大夫士皆依命爲多少之節是不革今乃革之革改也謂上僭也制度即宮室禮儀制度也云姦軌者案舜典云寇賊姦軌鄭注云强聚爲寇殺人爲賊由内爲姦起外爲軌案成十七年長魚矯曰臣聞亂在外爲姦在内爲軌御姦以德御軌以刑鄭與傳不同鄭欲見在外亦得爲軌在内亦得爲姦故反覆見之或後人轉寫誤當以傳爲正云降畔寇賊劫掠奪攘撟虔者其刑死者案呂刑云寇賊姦軌奪攘撟虔注云有因而盜曰攘撟虔謂撓擾春秋傳虔劉我邊垂謂劫奪人物以相撓擾也云此二千

五百罪之目略也者刑書已亡以此書傳之文略言三五故云罪之目略也云夏刑以下據呂刑而言案呂刑剕辟五百宮辟三百今此云臏辟三百宮辟五百此乃轉寫者誤當以呂刑爲正云周則變焉者夏刑三千墨劓俱千至周減輕刑入重刑俱五百是夏刑輕周刑重云刑罰世輕世重者呂刑文故云所謂先鄭云漢孝文帝十三年除肉刑者案文帝本紀十三年大倉令淳于公有罪當刑徙繫長安無男有五女小曰提縈遂泣上書上赦肉刑所赦者惟赦墨劓與刖三者其宮刑至唐乃赦也案文十八年史克云周公制禮曰則以觀德作誓命曰毀則爲賊竊賄爲盜在九刑不忘言九刑者鄭注堯典云正刑五加之流宥鞭扑贖刑此之謂九刑者賈服以正刑一加之以八議昭六年云周有亂政而作九刑刑而云周公作者鄭志云三辟之興皆在叔世受命之王所制法度時不行耳世末政衰隨時自造刑書不合大中故叔向議之作刑書必重其事故以聖人之號以神其書耳若然九刑之名是叔世所作假言周公其實非周公也

若司寇斷獄弊訟則以五刑之灋詔刑罰而以辨罪之輕重詔刑罰者處其所應不如今律家所署法矣〔疏〕注詔刑至法矣釋曰司刑主刑

書若於外朝司寇斷獄之時司刑則以五刑之法詔刑罰刑罰並言者刑疑則入罰故也

司刺掌三刺三宥三赦之灋以贊司寇聽獄訟 刺殺也訊而有罪則殺之宥寬也赦舍也○刺七賜反下及注同 （疏）注刺殺至舍也 釋曰此經與下爲目云贊司寇聽獄訟者專欲難成恐○不獲實衆人共證乃可得真故謂贊之也云訊而有罪則殺之者刑有五一者是殺餘皆訊之獨言殺者立官名刺據重而言故也

壹刺曰訊羣臣再刺曰訊羣吏三刺曰訊萬民 訊言 （疏）壹刺至萬民○釋曰此三刺之事所施謂斷獄弊訟之時先羣臣次羣吏後萬民先尊後卑之義

壹宥曰不識再宥曰過失三宥曰遺忘 鄭司農云不識謂愚民無所識則宥之過失若今律過失殺人不坐死玄謂識審也不審若今仇讎當報甲見乙誠以爲甲而殺之者過失若舉刃欲斫伐而軼中人者遺忘若間帷薄忘有在焉而以兵矢投射之○忘音妄注同坐才卧反下同軼待結反中丁仲反間間廁之間射亦食反 （疏）注鄭司至射之○釋

先鄭以爲不識謂愚民無所識則宥之若如此解則當入三赦惷愚之中何得入此三宥之内故後鄭不從也云過失若今律過失殺人不坐死者於義是故後鄭增成之云玄謂識審也者不識即不審云甲乙者興喻之義耳假令兄甲是仇人見弟乙誠以爲是兄甲錯殺之是不審也

壹赦曰幼弱再赦曰老旄三赦曰惷愚惷愚生而癡騃童昏者鄭司農云幼弱老旄若今律令年未滿八歲八十以上非手殺人他皆不坐○耄本又作旄同亡報反惷勑江反又貞巷反劉癡用反騃五駭反李又五亥反又吐在反上時掌反○

【疏】注惷愚至不坐○釋曰三赦與前三宥所以異者上三宥不識過失遺忘非是故心過誤所作雖非故爲比三赦爲重據今仍使出贖此三赦之等比上爲輕全放無贖先鄭云幼弱老旄若今時律令年未滿八歲八十以上非手殺人他皆不坐者案曲禮云八十九十曰耄七年曰悼悼與耄雖有罪不加刑焉與此先鄭義合彼亦謂非手殺人他皆不坐也云未滿八歲則未齔是七年者若八歲已齔則不免也

以此三灋者求民情斷民中而施上服下服之罪然後刑殺上服殺與墨劓

下服宮刖也司約職曰其不信者服墨刑【疏】以此至刑殺凡行刑必先規識所刑之處乃後行之 釋曰云以此三法者求民情斷民中者謂上三剌三宥三赦若不以此法恐有濫入者由用三法故斷民得中云施上服下服之罪然後刑殺者先規畫可刑之處乃行刑行殺也○注上服至行之○釋曰古者雖有要斬領斬以領爲正故殺入上服也必先規識所刑之處乃後行之規識在體若衣服在身故名規識爲服也

司約掌邦國及萬民之約劑治神之約爲上治民之約次之治地之約次之治功之約次之治器之約次之治摯之約次之 此六約者諸侯以下至於民皆有焉劑謂券書也治者理其相抵冒上下之差也神約謂命祀郊社羣望及所祖宗也虁子不祀祝融楚人伐之民約謂征稅遷移仇讎既和若懷宗九姓在晉殷民六族七族在魯衛皆是也地約謂經界所至田萊之比也功約謂王功國功之屬賞爵所及也器約謂禮樂吉凶車服所得用也摯約謂玉帛禽鳥相與往來也○約於妙反後及注皆同虁來

龜反比毗志〈疏〉注此六至來也○釋曰知此六約諸侯以
反又必二反　下至於民者經云掌邦國及萬民之約劑
故知也以諸侯爲主中亦有王事但王至尊設約不及之耳
神約謂命祀郊社羣望及所祖宗也者凡命祀皆天子命之
也郊者謂若祭統成王命魯外祭則郊社常平諸侯直命祀
社故王制云天子祭天地諸侯祭社稷是常也羣望諸侯祭
三望故傳云三代命祀祭不越望也祖宗諸侯五廟下及士
各有差庶士庶人祭於寢也云夔子不祀祝融楚人伐之者
爲其違約不祀故伐之事在僖二十六年云民約謂征稅云者
雖諸侯輸於王萬民征稅是常此稅要由民出故云民約云
遷移者雖君亦有遷移法若鄭遷於虢之屬是也云仇讎既
和者謂若調人云凡和難父之讎辟之海外之屬是也諸侯
亦有和難之法故曰君之讎視父是也云若懷宗九姓在晉
殷民六族七族在魯衛皆是也者此止以遷移法不似有仇
讎也定四年祝佗云分魯公以大路又云殷民六族注云殷
民禄父之餘民三十族六姓也條氏徐氏蕭氏索氏長氏
尾勺氏又分康叔以大路注云復如分周公欲使康叔以化
之又云殷民七族陶氏施氏繁氏錡氏樊氏饑氏終葵氏又
云分唐叔以大路又云懷姓九宗職官五正注云五正五官
之長是其遷移法也以此觀之亦是和之使遷移耳云功約

謂王功國功之屬者民功謂若司寇云野刑上功糾力及司馬云進賢興功是也云器約謂禮樂吉凶車服所得用也者謂自天子以下達庶人皆有之禮器籩豆俎簋之屬樂器鐘鼓竽笙之屬吉服祭服吉車巾車所云天子至庶人役車皆是凶之車服雜記云端衰喪車無等是也云摯約謂玉帛禽鳥相與往來也者案大宗伯以玉作六瑞公執桓圭巳下是王又以禽作六摯孤摯皮帛卿羔大夫鴈士雉工商雞庶人鶩皆執以相見是往來也

凡大約劑書於宗彝小約劑書於丹圖大約劑邦國約也書於宗廟之六彝欲神監焉小約劑萬民約也丹圖未聞或有彫器簠簋之屬有圖象者與春秋傳曰斐豹隸也著於丹書今俗語有鐵券丹書豈此舊典之遺言○與音餘斐音非徐方眉反劉方持反沈芳尾反

〔疏〕注大約至遺言○釋曰知大大約劑是邦國者上言掌邦國及萬民之約劑有此二者故大大小據而言之六彝之名若司尊彝云雞鳥斝黃虎蜼之等以畫於宗廟彝尊故知使神監焉使人畏敬不敢違之也云或有彫器簠簋之屬有圖象者與者此鄭見時有人爲此說者故云或有案梓人造器有刻畫祭器博庶物也是圖象事亦有似故云與以疑之云春秋傳曰斐豹隸也者襄公二十三年文○

若有訟者則珥而辟藏其不信者服墨刑鄭司農云謂有爭訟罪罰刑書謬誤不正者爲之開藏取本刑書以正之當開時先祭之玄謂訟訟約若宋仲幾薛宰者也辟藏開府視約書不信不如約也珥讀曰衈謂殺雞取血釁其戸○藏才浪反注下皆同爲于僞反

(疏)若有至墨刑○釋曰訟謂爭約劑不決者云則珥而辟藏者謂以血塗戸乃開辟其戸以出本約劑之書勘之○注鄭司至其戸○釋曰司約所掌唯約劑之書先鄭以爲爭訟罪罰刑書及以珥爲祭後鄭皆不從而謂訟約若宋仲幾薛宰者案定元年正月晉魏舒合諸侯之大夫于狄泉將城成周宋仲幾不受功曰滕薛郳吾役也薛宰曰宋爲無道絕我小國於周以我適楚故我常從宋晉文公爲踐土之盟曰凡我同盟各復舊職若從踐土若從宋亦惟命宋仲幾曰踐土固然又士彌牟曰子姑受功歸吾視諸故府仲幾曰縱子忘之山川鬼神其忘諸乎此是訟約法故引之爲證云殺雞者以雜記云割雞當門其衈皆於屋下言衈故知用雞也

若大亂則六官辟藏其不信者殺大亂謂僭約若吳楚之君晉文公請隧以葬者六官辟藏明罪大也六官初受盟約之貳○隧音遂

(疏)

注大亂至之貳○釋曰云大亂謂僭約者以其司約者主約故知僭約也旣言大亂明是若吳楚之君僭稱王也又如晉文公請隧以葬亦是也案僖二十五年晉文公納定襄王乃請隧以葬隧者請掘地通路上有負土諸侯已下上無負土謂之羨塗天子有負土謂之隧文公請之欲行天子之禮故對曰未有代德而有二王不許之也明罪大止謂僭者也云六官初受盟約之貳者以大司寇云凡邦之盟約太史○司會及六官皆受其貳而藏之者是也

司盟掌盟載之灋載盟辭也盟者書其辭於策殺牲取血坎其牲加書於上而埋之謂之載書春秋傳曰宋寺人惠牆伊戾坎用牲加書爲世子痤與楚客盟○痤才戈反

疏

司盟至之法○釋曰盟時坎用牲加書於牲上以牲載書於上謂之盟載也○注載盟至客盟○釋曰云載者正謂以牲載此盟書於上故謂之載也云盟者書其辭於策者辭即盟辭若云爾無我詐我無爾虞有違此盟無克祚國盟辭多矣以此爲本云宋寺人之事案襄二十六年傳曰宋寺人惠牆伊戾爲太子痤內師無寵注云惠牆氏伊戾名秋楚客聘於晉過宋太子知之請野享之公使往伊戾請從之至則坎用牲加書徵之而聘告公曰大子將爲亂旣與楚客盟矣鄭引此者證坎用牲加書載之事

也

凡邦國有疑會同則掌其盟約之載及其禮儀。北面詔明神既盟則貳之有疑不協也明神神之明察者謂日月山川也覲禮加方明于壇上所以依之也詔之者讀其載書以告之也貳之者寫副當以授六官

（疏）凡邦至貳之○釋曰時見曰會殷見曰同若有疑則盟之○注有疑至六官釋曰云有疑不協也者不協之文出於春秋云明神神之明察者謂日月山川也覲禮加方明于壇上所以依之也者案覲禮云方明者木也方四尺設六色又云設六玉上圭下璧南方璋西方琥北方璜東方圭注云六色象其神六玉以禮之上宜蒼璧下宜黃琮而不以者則上下之神非天地之至貴者也設玉者刻其木而著之又云天子拜日於東門之外反祀方明注引司盟職曰北面詔明神言北面詔明神則明神有象也象者其方明乎又曰禮日於南門外禮月與四瀆於北門外禮山川丘陵於西門外又云祭天燔柴祭山丘陵升祭川沈祭地瘞注云升沈必就祭者也就祭則是王巡守及諸侯之盟祭也引郊特牲曰郊之祭也迎長日之至也大報天而主日也宗伯職曰以實柴祀日月星辰則燔柴祭天謂祭日也柴爲祭日則祭地瘞者祭月也日月而云天地靈之也

王制曰王巡守至於岱宗柴是王巡守之盟其神主日也春秋傳曰晉文公爲踐土之盟而傳云山川之神是諸侯之盟其神主山川也月者大陰之精上爲天使臣道莫貴焉是王官之伯會諸侯而盟其神主月與以此約之故知明神是日月山川也如是王會同四時各祀其神及祀方明則諸神皆及故有六色六玉之位焉其盟亦然云詔之者讀其載書以告之也者謂盟時以其載辭告焉云貳之者寫副當授六官者大司寇職凡邦之大盟約涖其盟書而登之于天府大史內史司會及六官皆受其貳而藏之者是也

盟萬民之犯命者詛其不信者亦如之盟詛者欲相與共惡之也犯命犯君教令也不信違約者也春秋傳曰臧紇犯門斬關以出乃盟臧氏又曰鄭伯使卒出猳行出犬雞以詛射潁考叔者○詛測慮反共如字惡烏路反紇恨發反劉胡没反沈胡謁反卒子忽反猳音加行戸剛反射食亦反

疏 盟萬至如之○釋曰凡言盟者盟將來詛者詛往過云亦如之者亦如上文○注盟詛至叔者○釋曰云盟詛者欲相與共惡之也者對神爲驗是共惡之也云犯命犯君教令也者以萬民無餘事故知犯命謂犯君教令也云春秋傳曰者案襄二十三年季武子無適子公彌長而愛悼子欲立之訪

於臧紇紇爲立悼子紇廢公鉏後孟莊子疾豐點謂公鉏苟立羯請讎臧氏及孟孫卒季孫至入哭而出曰秩焉在公鉏曰羯在此矣孟氏閉門告於季孫曰臧氏將爲亂不使我葬季孫不信臧孫聞之戒除於東門甲從巳而視之孟氏又告季孫季孫怒命攻臧氏臧紇斬鹿門之關以出奔邾季孫盟是其事也又曰鄭伯使卒出猳行出犬雞以詛射潁考叔者此隱公十一年將伐許子都與潁考叔爭車及許潁考叔先登子都自下射之顛師還乃詛射潁考叔者引之者證詛是往過之事若然臧紇既出乃盟臧氏者以臧氏出後盟後人以臧氏爲盟首亦是盟將來也

凡民之有約劑者其貳在司盟 貳之者檢其自相違約

疏 凡民至司盟釋曰此謂司約副寫一通來入司盟檢後相違約勘之

有獄訟者則使之盟詛 不信則不敢聽此盟詛所以省獄訟○省所景反

疏 有獄至盟詛○釋曰此盟詛謂將來訟者先使之盟詛盟詛不信自然不敢獄訟所以省事也

凡盟詛各以其地域之衆庶共其牲而致焉既盟則爲司盟共祈酒脯 使其邑閭出牲而來盟已

又使出酒脯司盟爲之祈明神使不信者必凶○爲于僞反注同〔疏〕凡盟至酒脯○釋曰盟處無常但盟則遣其地之民出牲以盟并出酒脯以祈明神也

職金掌凡金玉錫石丹青之戒令青空青也〔疏〕職金至戒令○釋曰此數種同出於山故職金揔主其戒令若然地官丱人已主又職金主之者彼官主其取此官主其藏故二官共主之也受其入征者辨其物之媺惡與其數量楬而璽之入其金錫于爲兵器之府入其玉石丹青于守藏之府爲兵器者攻金之工六也守藏者玉府內府也鄭司農云受其入征者謂主受采金玉錫石丹青者之租稅也楬而璽之者楬書其數量以著其物也璽者印也既楬書揃其數量又以印封之今時之書有所表識謂之楬櫫○楬音竭璽音徙守劉音狩著直略反沈張慮反揃音牋識申志反又如字又音志○〔疏〕受其至之府○釋曰此一經揔陳受藏金玉之事所送者謂若荆楊貢金三品雍州貢球琳琅玕之等皆職金

受而藏之乃後分配諸府也入兵器之府言爲者攻金之工須造作故云爲守藏之府不造器物故云守也案山海經云有以金庭之山多黃金稷巽之山多白玉拙楊之山其陽多赤金其陰多白金吉山其陽多玉青丘之山其陽多玉其陰多青雘基之山多沙石白金此類甚多略言之矣○注爲兵至楬櫫○釋曰云爲兵器者攻金之工六也者考工記文彼云築冶鳧栗段桃築氏爲削冶氏爲戈戟鳧氏爲鍾栗氏爲量段氏爲鎛桃氏爲劒也云守藏者玉府內府也者案玉府云掌王之金玉玩好兵器凡良貨賄內府云掌受九貢九賦九功之貨賄良兵良器故知守藏府是此二者也先鄭云主受采金玉錫石丹青者之租稅也者案山虞澤虞等出稅者皆以當邦賦穀稅之處不虛取也云既楬書揃其數量者楬即今之板書揃即今録記文書謂以版記録量數多少并善惡爲後易分别故也

入其要要凡數也入之於大府

〔疏〕入其要○釋曰職金既知量數録要簿入大府

掌受士之金罰貨罰入于司兵給治兵及工直也貨泉貝也罰罰贖也書曰金作贖刑○贖常戍反下同一音蜀○

〔疏〕掌受至司兵○釋曰云掌受士之金罰者謂斷獄訟者有疑即使出贖既言金罰又曰貨罰者出罰之家時或

無金即出貨以當金直故兩言之○注給治至贖刑○釋曰云貨泉貝也者漢書食貨志云王莽時有貨布大泉及貨貝故知貨中泉貝兩有也云書曰者舜典文呂刑云墨罰疑赦其罰百鍰考工冶氏云戈戟重三鋝夏侯歐陽說云墨罰疑赦其罰百率古以六兩爲率古尚書說百鍰鍰者率也一率十一銖二十五分銖之十三也百鍰爲三斤鄭玄以爲古之率多作鍰鄭注冶氏云許叔重說文解字云鋝鍰也今東萊稱或以大半兩爲鈞十鈞爲鍰鍰重六兩大半兩若然鍰鋝一也言大半兩是三分兩之二鄭意以此爲正故不從諸家以六兩爲鍰且古者言金金有兩義若相對而言則有金銀銅鐵爲異若散而言之揔謂之金是以考工記云六分其金而錫居一之等皆是銅是以禹貢揚州云貢金三品孔以爲金銀銅鄭以爲銅三色是對散有異但古出金贖罪皆據銅爲金若用黃金百鍰乃至大辟千鍰無濟之理

旅于上帝則共其金版饗諸侯亦如之鉼金謂之版此版所施未聞○版音板〔疏〕注鉼金至未聞○釋曰旅上帝謂祭五天帝於四郊及明堂饗諸侯謂若大行人上公三饗侯伯再饗子男一饗之等此旅上帝及饗二者皆設金版鄭云所施未聞也

凡國有大故

而用金石則掌其令主其取之令也用金石者作槍雷椎椁之屬○槍七羊反雷劉音誄沈云當爲礌郎對反椎直追反椁劉宅耕反本又作桲劉云皆如字劉亦誤疏釋曰用金石而云大故止謂寇戎爲禦捍之器有用金石者也○注主其至之屬○釋曰職金主受金則所出之處故主其取金之令云金石者作槍雷椎椁之屬者皆謂守城禦捍之具

司厲掌盜賊之任器貨賄辨其物皆有數量賈而楬之入于司兵鄭司農云任器貨賄謂盜賊所用傷人兵器及所盜財物也入于司兵若今時傷殺人所用兵器盜賊贓加責沒入縣官○賈音嫁疏曰云入於司兵者其任器多是金刃所盜財貨雖非金刃以其賊物亦入司兵給治兵刃之用故並入司兵也先鄭云若今時傷殺人所用兵器盜賊贓加責沒入縣官者其加責者即今時倍贓者也其奴男子入于罪隸女子入于舂稾鄭司農云謂坐爲盜賊而爲奴者輸於罪隸舂人稾人之官也由是觀之今之爲奴

婢古之罪人也故書曰予則奴戮汝論語曰箕子爲之奴罪隸之奴也故春秋傳曰斐豹隸也著於丹書請焚丹書我殺督戎恥爲奴欲焚其籍也玄謂奴從坐而沒入縣官其奴者男女同名○槀古老反坐才臥反下同女音汝○〔疏〕奴至春槀○釋曰云男子入於罪隸者則司隸職中國之隸謂之罪隸百二十人者是也云女子入于春槀者地官春人槀人是也○注鄭司至同名○釋曰先鄭引尚書予則奴戮女及論語箕子爲之奴皆與此經奴爲一若後鄭義尚書奴爲子若詩樂爾妻奴奴即子也後鄭不破者亦得爲一義云春秋傳者左氏傳襄公二十三年云初斐豹隸也著於丹書欒氏之力臣曰督戎國人懼之斐豹謂宣子苟焚丹書我殺督戎引之者證隸爲奴云玄謂奴男女從坐沒入縣官者謂身遭大罪合死男女沒入縣官漢時名官爲縣官非謂州縣也

凡有爵者與七十者與未齔者皆不爲奴有爵謂命士以上也齔毁齒也男八歲女七歲而毁齒○上時掌反毁況僞反下同〔疏〕注有爵至毁齒○釋曰云有爵謂命士以上也者見典命公侯伯之士皆一命天子之士皆三命以下可知云男八歲女七歲而毁齒者家語本命篇之文也曲禮云悼與耄雖有罪不加刑焉是未齔不加刑又

不爲奴若七十者雖不爲奴猶加其刑至八十始不加刑以其八十九十始名耄故也

犬人掌犬牲凡祭祀共犬牲用牷物伏瘞亦如之　鄭司農云牷純也物色也伏謂伏犬以王車轢之瘞謂埋祭也爾雅曰祭地曰瘞埋○牷音全本亦作全瘞於例反徐烏計反轢音歷　〔疏〕注鄭司至瘞埋○釋曰先鄭云牷純也者案尚書微子云犧牷牲用注云犧純毛牷體完具彼牷與犧相對是犧爲純毛牷爲體完具此無犧故以牷兼純也云伏謂伏犬以王車轢之者此謂王將祭而出國軷道之祭時即大馭所云者是也但軷祭之時犬羊俱得故生民詩云取羝以軷是以聘禮注云其用牲犬羊可也是其兩用也云瘞謂埋祭也者謂祭地之時故引爾雅爲證若然經云用牷物既純毛則牧人云陽祀用騂牲陰祀用黝牲之類也

凡幾珥沈辜用駹可也　故書駹作龍鄭司農云幾讀爲庪爾雅曰祭山曰庪縣祭川曰浮沈大宗伯職曰以埋沈祭山川林澤以罷辜祭四方百物龍讀爲駹謂不純色也玄謂幾讀爲刉珥當爲衈刉衈者釁禮之事○駹亡江反爲庪九委反劉居綺反縣音玄罷劉孚逼反　〔疏〕凡幾至可也○釋曰

幾珥言凡則宗廟社稷壇廟新成者皆釁之故云凡也云沈辜者謂沈牲於水辜謂疈磔牲體以祭云用駹者駹謂雜色牲此則牧人云毀事用駹是也云可也者用純爲正用駹亦可也○注故書至之事○釋曰先鄭讀幾爲庪雖引爾雅後鄭不從引大宗伯證沈辜於義是也云玄謂幾讀爲钊從士師爲正珥讀爲衈從雜記爲正云釁禮之事者據雜記而知也

凡相犬牽犬者屬焉掌其政治相謂視擇知其善惡○相息亮反注同治直吏反○

【疏】凡相至政治○釋曰犬有三種一者田犬二者吠犬三者食犬若田犬吠犬觀其善惡若食犬觀其肥瘦故皆須相之牽犬者謂呈見之故少儀云犬則執緤是也

司圜掌收教罷民凡害人者弗使冠飾而加明刑焉任之以事而收教之能改者上罪三年而舍中罪二年而舍下罪一年而舍其不能改而出圜土者殺雖出三年不齒弗使冠飾者著墨幪

若古之象刑與舍釋之也鄭司農云罷民謂惡人不從化爲百姓所患苦而未入五刑者也故曰凡害人者不使冠飾任之以事若今時罰作矣○著丁略反幪莫公反劉莫貢反與音餘〔疏〕司圜至不齒○釋曰此罷民入圜土者不坐嘉石朝士坐嘉石者不入圜土云收教者謂入圜土見收使困苦改悔是收教也云害人者謂抽拔兵劍誤以傷人者也云明刑者以版牘書其罪狀與姓名著於背表示於人是明刑也○注弗使至作矣○釋曰著墨幪若古之象刑與者案孝經緯云三皇無文五帝畫象三王肉刑畫象者上罪墨象赭衣雜屨中罪赭衣雜屨下罪雜屨而已畫象刑者則尚書象刑直墨象略言之其實亦有赭衣雜屨無文故云與以疑之也

凡圜土之刑人也不虧體其罰人也不虧財

言其刑人但加以明刑罰人但任之以事耳鄭司農云以此知其爲民所苦而未入刑者也故大司寇職曰凡萬民之有罪過而未麗於法而害於州里者桎梏而坐諸嘉石役諸司空又曰以嘉石平罷民國語曰罷士無伍罷女無家言爲惡無所容入也玄謂圜土所收教者過失害人已麗於法者〔疏〕凡圜至虧財○釋曰云刑人不虧體對五刑虧體者也其罰人不虧財對五刑疑出金爲罰虧財者

也○注言至法者○釋曰先鄭以坐嘉石共入圜土二者爲一共義不通故後鄭不從按司寇職及司救職皆上論嘉石之罪民下別云圜土之罰民分明兩事不同故後鄭謂圜土所收教者過失害人已麗於法者與嘉石之罷民是邪惡過淺別也

掌囚掌守盜賊凡囚者上罪梏拲而桎中罪桎梏下罪梏王之同族拲有爵者桎以待弊罪　凡囚者謂非盜賊自以他罪拘者也鄭司農云拲者兩手共一木也桎梏者兩手各一木也玄謂在手曰梏在足曰桎中罪不拲手足各一木耳下罪又去桎王同族及命士以上雖有上罪或拲或桎而已弊猶斷也○梏古毒反張揖云參著曰梏偏著曰桎說文云梏手械也所以告天桎足械也所以質地拲劉云三家姜奉反一家居辱反漢書音義韋昭音拱云兩手共一木曰拲兩手各一木曰梏李奇音恐桎之實反上時掌反○【疏】掌囚至弊罪○釋曰此謂五刑罪人古者五刑不入圜土故使身居三木掌囚守之此一經所云五刑之人三木之囚輕重著之極重者三木俱著次者二下者一王之同族及有爵縱重罪亦著一而已以其尊之故也云待弊罪者禁而待斷之也○注凡囚至斷也○釋

曰云凡囚者謂非盜賊自以他罪拘者也者以其既言盜賊乃別云凡囚明凡囚中無盜賊盜賊重故爲罪人之首而言之也先鄭云拳者兩手共一木也者於義是以其拳字共下著手又與梏共文故知兩手共一木以桎與梏同在手則不可故後鄭不從而謂在手曰梏在足曰桎此無正文宜以先言梏後言桎故知義然若然中罪先言桎後言梏者便文不據先後也

及刑殺告刑于王奉而適朝士加明梏以適市而刑殺之告刑于王告王以今日當行刑及所刑姓名也其死罪則曰某之罪在大辟其刑罪則曰某之罪在小辟奉而適朝者重刑爲王欲有所赦且當以付士士鄉士也鄉士加明梏者謂書其姓名及其罪於梏而著之也囚時雖有無梏者至於刑殺皆設之以適市就衆也庶姓無爵者皆刑殺於市○爲于僞反著丁略反徐張慮反

【疏】及刑至殺之○釋曰此經謂欲行刑之日云告刑於王奉而適朝者王意欲有所免故也云以適市者據庶姓又無爵者也若有爵及王同姓即於甸師也○注告刑至於市○釋曰經云及刑殺告刑于王者謂死罪刑罪有二種鄭知有姓名者以其言某之罪明當有姓名也云其死罪曰下文王世子之文云且當以付士士鄉士

也者凡囚鄉士遂士縣士方士各自有獄推問之時各於本獄之所獄成上上於王時則使掌囚掌之及欲刑殺掌囚還付士若然上皆云士師受中協日刑殺刑殺各於本獄之所今此經云以適市者此文止謂六鄉之獄在國中推問在獄行刑殺則在市若遂士以下自在本獄之處刑殺之故此云士鄉士也若遂士已下於此時掌囚亦當付士也云因時雖有無梏者案上經王之同族及有爵囚時並無梏也云以適市就衆也者王制云刑人於市與衆弃之彼雖據異代法此六鄉之人亦就衆在市也云庶姓無爵者皆刑殺於市據下而知之也此亦據六鄉之人也

凡有爵者與王之同族奉而適甸師氏以待刑殺適甸師氏亦由朝乃往也待刑殺者掌戮將自市來也文王世子曰雖親不以犯有司正術也所以體異姓也刑于隱者不與國人慮兄弟也

[疏]注適甸至弟也○釋曰云甸師氏亦由朝乃往也者上文庶姓等適市文承適朝之下彼此二者隔絕恐不由朝故鄭言之必知此二者亦由朝乃往者文王世子君之親有罪雖然必赦之事故知之云待刑殺者掌戮將自市來也者凡行刑殺協支幹善日有罪者同而行故待掌戮也引文王世子者欲見雖親有罪亦當刑殺之事彼注體爲連

結若直刑異姓不刑同姓異姓怨生則有逃散
之事同姓亦有刑則異姓歸心故云體異姓也

掌戮掌斬殺賊諜而搏之斬以鈇鉞若今要斬也殺以刀刃若今棄市也
諜謂姦寇反間者賊與諜罪大者斬之小者殺之搏當爲膊
諸城上之膊字之誤也膊謂去衣磔之○諜音牒搏注作膊
同音博反磔也鈇音斧要一遙反間間廁之間去起呂反
〔疏〕掌戮至搏之○釋曰自此經以至刑盜于市以下皆
據死罪而言此經惟據賊諜二者而言二者雖同大罪仍擇
大重者斬之稍輕者殺之搏之則同也○注斬以至磔之○
釋曰知斬以鈇鉞者鈇鉞是斬之物按魯語云溫之役晉人
執衛成公臧文仲言於僖公曰夫衛君始無罪矣夫刑有五
大刑用甲兵注云諸侯逆命征討之其次用斧鉞注云謂犯
斬罪者中刑用刀鋸注云用刀以劓之鋸以笮之如是刀中
容棄市其次用鑽笮注云鑽額涅墨笮割勢謂宮刑也薄刑
用鞭朴以威民故大者陳之原野小者致之市朝是用鈇鉞
之事成二年齊侯圍龍傾公之嬖人盧蒲就魁門焉龍人
殺而膊之城上齊侯親鼓之遂滅龍是膊諸城上之事也**凡**
殺其親者焚之殺王之親者辜之親緦服以內也焚燒也易

曰焚如死如棄如辜〔疏〕注親緦至磔之○釋曰親親謂五服之言枯也謂磔之〔疏〕五服多故云凡殺其親據人之親與王之親皆謂五服已內知者案僖二十五年衛侯燬滅邢公羊傳曰何以名絕曷爲絕之滅同姓也滅同姓尙絕之況殺緦麻之親得不重乎以此而言故知親謂緦已上也易曰焚如死如棄如者按離卦九四突如其來如焚如死如棄如注云震爲長子爻失正又互體兌兌爲附決注子居明法之家而無正何以自斷其君父不志也突如震之失正不知其所如又爲巽巽爲進退不知所從不孝之罪五刑莫大焉得用議貴之辟刑之若如所犯之罪焚如殺其親之刑死如殺人之刑也棄如流宥之刑引之者證焚如是殺其親之刑也　凡殺人者踣諸市肆之三日刑盜于市　踣僵尸也肆猶申也陳也凡言刑盜罪惡莫大焉○踣皮比反僵居良反〔疏〕注踣僵至大焉○釋曰除上三者之外皆陳尸於市肆之凡三日也　凡罪之麗於灋者亦如之唯王之同族與有爵者殺之于甸師氏　罪二千五百條上附下附刑五而已於刑同科者其刑殺之一也〔疏〕凡罪至師氏○釋曰

正刑有五科條二千五百麗附也上附下附是罪附于法法即五刑是也云亦如之者合入死者亦踣之合入四刑者雖不踣亦刑之在市故摠言亦如之云唯王之同族與有爵者殺之于甸師氏者謂不踣踣者陳尸使人見之既刑於隱處故不踣之○注罪二至一也○釋曰云罪二千五百條者司刑文云上附下附刑五而已者禮記云喪多而服五罪多而刑五上附下附是也云於刑同科者其刑殺之一也者事雖異各有五百同科及其同刑同殺一也

凡軍旅田役斬殺刑戮亦如之 戮謂膊焚辜肆 〔疏〕注戮謂膊焚辜肆○釋曰此云軍旅田役斬殺刑戮皆使掌戮爲之按士師大師帥其屬而禁逆軍旅犯禁者而戮之鄉士云凡國有大事則戮其犯命者遂士亦云凡郊有大事刑戮其犯命彼並不使掌戮者此等皆權時之事軍旅之間或有臨時即決不假掌戮者也是以戎右職云掌戎車之兵革使注云使謂王使以兵有所誅斬也引戰于殺襄公縛秦囚使萊駒以戈斬之是也

墨者使守門 黥者無妨於禁御○御音禦 〔疏〕墨者使守門○釋曰此人即閽人掌守王中門之禁令者是也

劓者使守關 截鼻亦無妨以貌醜遠之○遠于萬反 〔疏〕劓者使守

關○釋曰此則王畿五百里上而有三關十二關門則者守之**宮者使守內**以其人道絕也今世或然〔疏〕宮者使守內○釋曰此所守則寺人之類守正內五人之等是也**刖者使守囿**斷足驅衛禽獸無急行○囿音又斷丁管反〔疏〕刖者使守囿○釋曰此則囿遊亦如之者墨者守門刖者於囿中驅禽獸者也**髡者使守積**鄭司農云髡當為完謂但居作三年不虧體者也玄謂此出五刑之中而髡者必王之同族不宮者宮之為翦其類髡頭而已守積積在隱者宜也○髡苦門反積子賜反注同〔疏〕髡者使守積○釋曰先鄭以髡為完但居作三年不虧體以此為圜土罷民解之不從者掌戮所掌皆虧體獨以此為不虧體於義不可故後鄭引文王世子解之也玄謂此出五刑之中而髡者必王之同族不宮者此鄭亦無正文若合宮者王宮之今按文王世子據諸侯法云公族無宮刑不翦其類王家同族犯淫罪者亦當與諸侯同不宮之亦是不翦其類之色按王同族犯餘罪刑於甸師氏刑於隱處今同族既不宮亦當於隱處罪之此守積亦是隱處故知髡者使守積是王同族不言者必矣是以鄭云守積積在隱者宜也

司隸掌五隸之灋辨其物而掌其政令五隸謂罪隸四翟之隸也物衣服兵器之屬〔疏〕注五隸至之屬○釋曰此與下爲目云物衣服兵器之屬者即下文云使之皆服其邦之服執其國之兵是也帥其民而搏盜賊役國中之辱事爲百官積任器凡囚執人之事民五隸之民也鄭司農云百官所當任持之器物此官主爲積聚之也玄謂任猶用也○搏音博爲百于僞反注及下注同〔疏〕注民五至用也○釋曰云五隸之民也者上序官五隸皆百二十負負外皆是民故云五隸之民也云任猶用也者用器除兵之外所有家具之器皆是用器也邦有祭祀賓客喪紀之事則役其煩辱之事煩猶劇也士喪禮下篇曰隸人涅廁○涅乃結反〔疏〕注煩猶至涅廁釋曰引士喪禮下篇者既夕禮文云涅廁者死者不復用故窒塞示不用引之者證煩辱之事不言祭祀賓客事者以無文意義可知也掌帥四翟之隸使之皆服其邦之服

執其邦之兵守王宮與野舍之厲禁野舍王者所止舍也厲遮例也○遮章奢反例本又作列同音烈〔疏〕掌帥至厲禁○釋曰云服其邦之服執其邦之兵者若東方南方衣布帛執刀劍西方北方衣氈裘執弓矢云守王宮與野舍者即師氏職云帥四夷之隸守王宮野舍亦如之者是也

罪隸掌役百官府與凡有守者掌使令之小事役給其小役○使如字劉色吏反令力呈反沈力政反〔疏〕注役給其小役○釋曰云小役者止謂給其小小勞役之事謂若大役非隸所共故以小役解之

凡封國若家牛助爲牽傍鄭司農云凡封國若家謂建諸侯立大夫家也牛助爲牽傍此官主爲送致之也玄謂牛助國以牛助轉徙也罪隸牽傍之在前曰牽在旁曰傍○傍步浪反注同轉如字劉張戀反〔疏〕注鄭司至曰傍○釋曰先鄭不解牽傍故後鄭增成之玄謂牛助國以牛助轉徙也者國家以官牛助諸侯及大夫家運物往至任所云在前曰牽者謂車轅內一牛前亦一牛今還遣二隸前者牽前牛傍者御當車之牛故據人而言牽傍也

其守王宮與

共厲禁者如蠻隸之事〔疏〕其守至之事○釋曰蠻隸之事事在下文故云如蠻隸之事

蠻隸掌役校人養馬其在王宮者執其國之兵以守王宮在野外則守厲禁〔疏〕蠻隸至厲禁釋曰云掌役校人者爲校人所役使以養馬按校人良馬乘一師四圉不見隸者蓋是雜役之中執其國之兵蠻隸閩隸俱是刀劍也

閩隸掌役畜養鳥而阜蕃教擾之掌子則取隸焉杜子春云子當爲祀玄謂掌子者王立世子置臣使掌其家事而以閩隸役之○蕃扶元反下注同〔疏〕閩隸至隸焉○釋曰云掌役畜養鳥者謂若畜鳥氏掌畜禽鳥阜盛也蕃息也使之盛大滋息又教擾使從人意○注杜子至役之○釋曰子春以子爲祀後鄭不從者司隸職祭祀賓客喪紀三者並言此何得唯言其一明存子解之於義爲允玄謂王立世子置臣使掌其家事者言掌家事者若國事不使隸今取隸故以家事而言也

夷隸掌役牧人養牛馬與鳥言鄭司農云夷狄之人或曉鳥獸之言故春秋傳曰介葛盧聞牛鳴曰是生三犧皆用矣是以貉隸職掌與獸言〔疏〕夷隸至鳥言○釋曰云掌役牧人者爲牧人之所役使牧牛牲○注鄭司至獸言○釋曰經唯云與鳥言不言獸先鄭意解鳥言者亦解獸言故兼言之也案僖二十九年介葛盧聞牛鳴曰是生三犧皆用之矣注云言八律之音聽禽獸之鳴則知其嗜欲死可知伯益明是術故堯舜使掌朕虞至周失其道官又在四夷若周未失道官本不在四夷無解鳥獸之語者何周公盛明制禮使夷隸貉隸與鳥獸之言然者賈服意誤不與禮合故爲此說其守王宮者與其守厲禁者如蠻隸之事

貉隸掌役服不氏而養獸而教擾之掌與獸言不言阜蕃者猛獸不可服又不生乳於圈檻也○生如字劉色薇反乳而樹反圈求阮反檻戶覽反〔疏〕貉隸至獸言○釋曰夷貉相近是以亦解獸言若然夷隸既鳥獸之言具解而此貉隸解獸言亦解鳥言互見之耳其

守王宮者與其守厲禁者如蠻隸之事

秋官司寇下

布憲掌憲邦之刑禁正月之吉執旌節以宣布于四方而憲邦之刑禁以詰四方邦國及其都鄙達于四海憲表也謂縣之也刑禁者國之五禁所以左右刑罰者司寇正月布刑于天下正歲又縣其書于象魏布憲於司寇布刑則以旌節出宣令之於司寇縣書則亦縣之于門閭及都鄙邦國刑者王政所重故屢丁寧焉詰謹也使四方謹行之爾雅曰九夷八蠻六戎五狄謂之四海○詰起吉反縣音玄下同【疏】布憲至四海○釋曰云掌憲邦之刑禁者此文與正月以下爲目禁者則士師之五禁所以左右刑罰故連刑言之也云正月之吉者此與大司寇○正月之吉事同大司寇布刑之時此布憲亦布之於四方也於司寇正歲縣之時此布憲亦憲邦之刑禁以詰四方邦國以達于四海也布憲爲司寇屬官於刑禁爲重故每事共丁寧之也○注憲表至四海○釋

曰云國之五禁所以左右刑罰者士師職文知布憲所縣在門閭者以其司寇所縣在雉門不可共處此經云執旌節以爲行道之使明在巷門之間可知云門閭據在城内經雖不云城内門閭舉外以見内有門閭可知經先邦國後都鄙注先都鄙後邦國者以都鄙據畿内三等采地經後言之者尊邦國輕都鄙注先都鄙者既見門閭即先近後遠乃及四海故注先都鄙見從近及遠之義也引爾雅者見刑禁遠至夷狄名此夷狄爲四海者海之言晦晦漫禮儀也

凡邦之大事合衆庶則以刑禁號令（疏）凡邦至號令○釋曰云邦之大事合衆庶者謂征伐巡守田獵皆是大事合衆庶也以其是布禁之官故於聚衆毋皆以刑禁號令也

禁殺戮掌司斬殺戮者凡傷人見血而不以告者攘獄者遏訟者以告而誅之司猶察也察此四者告於司寇罪之也斬殺戮謂吏民相斬相殺相戮者傷人見血見血乃爲傷人耳鄭司農云攘獄者距當獄者也遏訟者遏止欲訟者也玄謂攘猶郤也郤獄者言不受也（疏）注司猶至受也○釋曰云司猶察也者此禁殺戮之官恒在民間私

覘惡事而告於上執而與之罪也故以司爲察也知斬殺戮是吏民相斬相殺相戮者以傷民云不以告則相殺戮之等盡是不以告明是吏民自相殺戮也云傷人見血乃爲傷人耳者恐經傷人與見血事別傷人見血連言者是見血乃爲傷人若不見血不爲傷人也若然跪跌折支之等不見血豈得不爲傷人乎然今言見血乃爲傷人者止爲蹉跌及刃物麗歷應見血之等不爲餘事而言先鄭云擭獄者距當獄者也後鄭不從者此經皆謂未在官司而先鄭云距獄據在官而言故不從也云遏訟者遏止欲訟者也者有人見欺犯欲向官所訟之而遏止不使去也玄謂擭猶卻也卻獄者言不受也者謂人有罪過官有文書追攝不肯受者

禁暴氏掌禁庶民之亂暴力正者撟誣犯禁者作言語而不信者以告而誅之民之好爲侵陵稱詐謾誕此三者亦刑所禁也力正以力強得正也○撟居表反好爲呼報反下文則爲下注皆爲同謾誕武諫反一音亡半反又免仙反徐望山反本或作慢誕音但〔疏〕注民之至正也○釋曰云民之好爲者此言爲下三事而發皆是好爲侵陵釋

經亂暴力正者也稱詐釋經撟誣犯禁者也謾誕釋經作言語而不信者也謾誕謂浮謾虛誕也

凡國聚衆庶則戮其犯禁者以徇凡奚隸聚而出入者則司牧之戮其犯禁者奚隸女奴男奴也其聚出入有所使

（疏）凡國至禁者○釋曰云聚衆庶者謂征伐之等云凡奚隸聚而出入者謂國有煩辱之處使奚隸則有此出入而司牧之○注奚隸至所使○釋曰按司厲其奴男子入于罪隸女子入于舂稾是男子同坐爲奴天官酒人漿人之等皆名女奴爲奚五隸又是男奴故云奚隸女奴男奴

野廬氏掌達國道路至于四畿達謂巡行通之使不陷絕也去王城五百里曰畿○行下孟反

（疏）注達謂至曰畿○釋曰云巡行者國之道路使其地之人治之野廬氏直巡行不通之處使人治之使無陷絕也

比國郊及野之道路宿息井樹比猶校也宿息廬之屬賓客所宿及晝止者也井共飲食樹爲蕃蔽

（疏）注比猶至蕃蔽釋曰此經所云

王爲賓客在道須得供承守衛之事國郊謂近郊遠郊野謂百里外至畿宿謂十里有廬三十里有宿五十里有市直言宿者舉中言之故云廬之屬以芘之息賓客晝止之處井樹者賓客所須者也**若有賓客則令守涂地之人聚𣟴之有相翔者。誅之**守涂地之人道所出廬宿旁民也相翔猶昌翔觀伺者也鄭司農云聚𣟴之聚擊𣟴以宿衛之也有姦人相翔於賓客之側則誅之不得令寇盜賓客○𣟴音託令力呈反下欲令同〔疏〕注守涂至賓客⊙釋曰守塗地之人道所出廬宿旁民也者道路之旁皆有民當處有賓客止宿即使聚𣟴之不使失脫也云相翔猶昌翔觀伺者也者謂昌狂翱翔觀伺賓客先鄭云聚𣟴之聚擊𣟴以宿衛之也者謂其地之人自聚擊𣟴無行夜故使宿衛自擊宮正之等使行夜者擊𣟴校比直宿者彼夜行者與此異也**凡道路之舟車擊互者叙而行之**舟車擊互謂於迫隘處也車有轘轄抵閡舟有砥柱之屬其過之者使以次叙之○擊音計沈古的反隘烏賣反轘戶關反本亦作轘同抵徐之爾反劉都禮反砥音旨〔疏〕注舟車至叙之○釋曰云擊互者謂水陸之道舟車往來狹隘之所更互

相擊故云擊互者云車有轘轅坻閣者案襄二十一年晉欒
盈有罪適楚過於周周西鄙掠之告於周使候出諸轘轅是
轘轅也坻閣道路之名也云舟有砥柱之屬者按禹貢導河
積石至于龍門南至于華陰東至於厎柱孔安國云厎柱山
名河水分流包山而過山見水中若柱然
在西虢之界是厎柱爲水之溢道者也　**凡有節者及**
有爵者至則爲之辟　辟辟行人亦使守涂地者〔疏〕凡有至之辟釋曰云凡有
節者謂若諸侯之使則有山國用虎節之等若民自往來則
有道路用旌節之等及有爵已上皆爲之辟止行人使無侵
犯者也　**禁野之橫行徑踰者**　皆爲防奸也橫行妄由田中徑踰射邪趍疾越隄渠
也○射食亦反邪似差反隄丁兮反〔疏〕注皆爲至渠也○釋曰言橫行者不要東西爲橫南北爲縱但是不依道
塗妄由田中皆是橫也徑謂不遵道
而射邪趍疾踰越也謂越隄渠者也　**凡國之大事比**
脩除道路者　比校治道者名若今次金敘大功○〔疏〕注比校至大功○釋曰大事謂若征
伐巡守田獵郊祀天地王親行所經並須脩除道路及脩廬
校比民夫使有功效故云比校治道者名也云若今次金敘

大功者謂漢時主役之官官名次金敘主以丈尺賦功今俗本多誤爲次敘大功也**掌凡道禁**禁謂若今絶蒙布巾持兵杖之屬○杖直亮反〔疏〕注禁謂至之屬○釋曰古時禁書亡故舉漢法而言也**邦之大師則令埽道路且以幾禁行作不時者不物者**不時謂不夙則莫者也不物謂衣服操持非此常人也幾禁之者備姦人内賊及反閒○莫音暮操七曹反閒閒則之閒〔疏〕注不時至反閒○釋曰不言大事而云大師惟謂征伐者也云幾禁之者備姦人内賊及反閒者内賊謂賊在内起反閒謂外賊密來覘探閒候國家反彼論説按孫子兵法云三軍之事莫密於反閒是也

蜡氏掌除骴曲禮四足死者曰漬故書骴作脊鄭司農云脊讀爲漬謂死人骨也月令曰掩骼埋髊骨之尚有肉者也及禽獸之骨皆是○蜡清預反骴似賜反注殨髊皆同殨又作漬脊子亦反李慈益反骼古百反〔疏〕注曲禮至皆是○釋曰曲禮者彼謂四足之獸相漸漬取四足死者即有肉腐之骴也先鄭云死人骨也者以人骨爲主其中兼四足之骨也月令者彼據孟春春是生氣骨是

死氣爲死氣逆生氣故埋之此官在秋者是陰故屬秋引之者除骴是同故也彼注云骨枯曰骼肉腐曰骴骴言埋亦掩之骼言掩亦埋之義無異互言耳故云腐骨之尚有肉者也則肉腐曰骴亦一也云及禽獸之骨皆是者即四足曰漬在其中按詩云行有死人尚或殣之又下云若有死於道路者則令埋之今得有死人骨者近道人見者令埋之其有死于溝壑者蜡氏除之

凡國之大祭祀令州里除不蠲禁刑者任人及凶服者以及郊野大師大賓客亦如之蠲讀如吉圭惟饎之圭圭絜也刑者黥劓之屬任人司圜所收教罷民也凶服服衰絰也此所禁除者皆爲不欲見人所蔵惡也○蠲古玄反舊音圭絜也饎昌志反罷音皮衰七雷反爲于僞反下爲其滔爲其就禽同蔵紆廢反今本多作穢惡烏路反

〔疏〕注蠲讀至惡也○釋曰大祭祀謂郊祭天地大賓客謂諸侯來朝若據天地其神位在郊至郊而已若賓客則至畿故兼言野郊外曰野大揔言也云蠲讀如吉圭惟饎之圭者毛詩云絜蠲爲饎無此言鄭從三家詩故不同云刑者黥劓之屬者之屬中舍有宮刖也云任人司圜所收教罷民也者經任人文承刑者之下則罷

民亦刑之類是以司圜云任之以事是也凶服五服皆是故曰凶服服衰絰也祭者皆齊齊者潔靜不欲見穢惡也

若有死於道路者則令埋而置楬焉書其日月焉縣其衣服任器于有地之官以待其人有地之官主此地之吏也其人其家人也鄭司農云楬欲令其識取之今時揭櫫是也有地之官有郡界之吏今時鄉亭是也○楬音竭縣音玄

疏注有地至是也○釋曰此經主謂行人在路死者云有地之官主此地之吏也者謂比閭族黨之等皆有長吏若比長閭胥黨宰之輩皆是若今時鄉亭治事之處縣衣服任器等仍使守掌使不失也

掌凡國之骴禁禁謂孟春掩骼埋胔之屬

疏注禁謂至之屬○釋曰孟春者月令文也

雍氏掌溝瀆澮池之禁凡害於國稼者春令為阱擭溝瀆之利於民者秋令塞阱杜擭溝瀆澮田間通水者也池謂陂障之水道也害於國稼謂水潦及禽獸也阱穿地為塹所以禦禽獸其或超踰則陷焉世謂之

陷阱擭柞鄂也堅地阱淺則設柞鄂於其中秋而杜塞阱擭
收刈之時爲其陷害人也書柴誓曰敜乃擭斂乃阱時秋也
伯禽以出師征徐戎○澮古外反阱在性反塹也擭胡化反
陂披宜反反障之尙反塹七豔反本又作塹柞劉才伯反或在
洛反鄂劉五洛反戚五各反柴音秘敜音
杜斂乃協反又乃結反徐劉本作郤音徐

疏

雍氏至杜擭
釋曰掌溝瀆
澮池之禁凡害於國稼者溝瀆澮池或田間通水或在田外
所須本爲利民而造其中有放溢奔流爲害者則禁之凡害
於國稼者謂水潦之等春令爲阱擭溝瀆之利於民者阱擭
以取禽獸溝瀆所以通水是皆利於民故春使爲之也○注
溝瀆至徐戎○釋曰云溝瀆澮田間通水者也者按遂人匠
人惟有遂溝洫澮川不見有瀆此云瀆亦田間通水者但注
瀆曰川或可以川爲瀆舉其類也云池謂陂障之水道也者
詩云彼澤之陂毛云澤障曰陂今云陂障之水道謂障澤爲
陂之時於澤通水入陂之道曰池云阱穿地爲塹者此則深
爲不須別設柞鄂擭則堅地不可得深故須柞鄂柞鄂者或
以爲豎柞於中向上鄂鄂然所以載禽獸使足不至地不得
躍而出謂之柞鄂也書柴誓者彼云魯侯伯禽宅曲阜徐戎
並興伯禽往征有此塞阱杜擭之事故引以爲證也云時秋
也者彼不見時節但此說在秋明彼亦秋故得有敜擭斂阱

之事也

禁山之爲苑澤之沈者為其就禽獸魚鱉自然之居而害之鄭司農云不得擅爲苑囿於山也澤之沈者謂毒魚及水蟲之屬○苑於阮反劉於願反〔疏〕注爲其至之屬○釋曰先鄭云不得擅爲苑囿於山義雖與後鄭異得爲一義故引之在下文云沈者謂毒魚及水蟲之屬者謂別以藥沈於水中以殺魚及水蟲不謂鴆故不作鴆作沈也

萍氏掌國之水禁水禁謂水中害人之處及入水捕魚鱉不時○捕音步〔疏〕注水禁至不時○釋曰水中害人之處或有深泉洪波沙虱水弩云捕魚鱉不時者案月令春秋及冬取魚夏不合取魚夏取則不時故云不時皆禁之也

幾酒苛察沽買過多及非時者○苛音何又呼何反沽音姑又音故買如字一本作賣〔疏〕幾酒○釋曰萍氏幾酒者酒亦水之類故也不得非時時謂若酒誥惟祀茲酒及鄉飲酒及昏娶爲酒食以召鄉黨僚友是其時也

謹酒使民節用酒也書酒誥曰有政有事無彝酒〔疏〕謹酒○釋曰此戒謹慎於酒故引酒誥有政之大目有事之小目夷常也不得常飲明如上文合飲時乃飲也

禁川游者備波

洋卒至沈溺也○洋洋音〔疏〕禁川游者○釋曰游謂浮游翔又音羊卒寸忽反不乘橋船恐溺故禁之也

司寤氏掌夜時夜時謂夜晚早若今甲乙至戌〔疏〕注夜時至至戌○釋曰此文與下爲目故注云謂夜晚早甲乙則早時戌亥則晚時也

以星分夜以詔夜士夜禁夜士主行夜徼候者如今都候之屬○行下孟反下行夜同徼古弔反〔疏〕注夜士至之屬○釋曰云以星分夜者若今時觀參辰知夜早晚是以書傳云春昏張中可以種稷夏大火中可以種黍菽秋虛中可以種麥冬昴中可以收斂蓋藏彼雖非分夜以詔夜士亦是以星知早晚之類也言行夜徼候者若宮伯掌授八次八舍注云於徼候便也則行夜來往周旋謂徼候者也

禦晨行者禁宵行者夜遊者備其遺冦害及謀非公事禦亦禁也謂遏止之無刑法也晨先明也宵定昏也書曰宵中星虛春秋傳曰夜中星隕如雨○先悉薦反隕于敏反〔疏〕注晨其至如雨○釋曰晨亦得名旦月令云旦尾中亦得名曰明按三光考靈耀云日入三刻爲昏不盡三刻爲明昏亦得名星故奔喪云日行百里不以夜行惟父母之喪見星而行見星而舍明見星時

即爲夜也如是宵亦得名曰昬昬參中是也亦名曰夜爾雅云宵夜也然則夜是明之首不通於前宵是昬之末不通於後也惟夜中之時正一名耳此云禁晨行者禁宵行者謂在道路中禮志云男女夜行以燭謂在宮中也晨行宵行者惟異人與奔父母之喪若天子祭天之時則通夜而行故禮記云氾埽反道鄉爲田燭禁夜遊者禁其無故遊者引春秋者莊公七年夏四月辛卯夜中星隕如雨是也

司烜氏掌以夫遂取明火於日以鑒取明水於月以共祭祀之明齍明燭共明水夫遂陽遂也鑒鏡屬取水者世謂之方諸取日之火月之水欲得陰陽之潔氣也明燭以照饌陳明水以爲玄酒鄭司農云夫發聲明齍謂以明水脩滌粢盛黍稷。夫方符反或云司農音符齍音資注作粢音同〔疏〕釋曰云夫遂陽遂也者以其日者太陽之精取火於日故名陽遂取火於木爲木遂者也鑒鏡屬者詩云我心匪鑒不可以茹彼鑒是鏡可以照物此鑒形制與彼鑒同所以取水也云取水者世謂之方諸者漢世謂之方諸言取水謂之方諸則取火者不名方諸別名陽遂也明者潔也日月水火爲明水明火是取日月陰陽之潔氣也云明燭以照饌陳者謂祭日之旦饌陳於堂東未明須燭照之云明水以爲玄酒者鬱鬯五齊以明水配三酒以玄酒配玄酒井水也玄酒與明水別而云明水以爲玄酒者對則異散文通謂之玄酒是以禮運云玄酒在堂亦謂明水爲玄酒也先鄭云明水滫滌粢盛黍稷者滫謂滫瀡滌謂蕩滌俱謂釋米者也

凡邦之大事共墳燭庭燎

故書墳爲蕡鄭司農云蕡蜀麻燭也玄謂墳大也樹於門外曰大燭於門內曰庭燎皆所以照衆爲明○墳扶云反燎力召反蕡扶云反李一音婦輩反

〔疏〕凡邦至庭燎○釋曰大事者謂若大喪紀大賓客則皆設大燭在門外庭燎在大寢之庭○注故書至爲明○釋曰先鄭從故書蕡爲麻燭者以其古者未有麻燭故不從是以禮記少儀云卜人執燭抱燋鄭云未爇曰燋是知未有麻燭也後鄭云樹於門外曰大燭者非人所執也燕禮云甸人執大燭於庭不言樹者彼諸侯燕禮不樹於地使人執彼注云庭大燭爲位廣也此言大燭亦爲位廣又樹之於地也云於門內曰庭燎者於門內在庭中故謂之庭燎庭燎與大燭亦一也其所以照衆爲明是以詩庭燎云夜如何其夜未央庭燎之光君子至止鸞聲將將謂宣王時諸侯

來朝之事按郊特牲云庭燎之百由齊桓公始也鄭云庭燎之差公蓋五十侯伯子男皆三十大戴禮文其百者天子禮庭燎所作依慕容所爲以葦爲中心以布纏之飴蜜灌之若今蠟燭百者或以百般一處設之或百處設之若人所執者用荆燋爲之執燭抱燋曲禮云燭不見跋是也

中春以木鐸修火禁于國中爲季春將出火也火禁謂用火之處及備風燥○中音仲爲于僞反下爲葬皆爲同燥素早反又素報反（疏）注爲季至風燥○釋曰云爲季春將出火也者三月昏時火辰星在卯南見是火星出此二月末出故云爲季春將出火也

軍旅修火禁邦若屋誅則爲明竁焉鄭司農云屋誅謂夷三族無親屬收葬者故爲葬之也三夫爲屋一家田爲一夫以此知三家也玄謂屋讀如其刑剭之剭剭誅謂所殺不於市而以適甸師氏者也明竁若今揭頭明書其罪法也司烜掌明竁則罪人夜葬與○竁昌鋭反剭徐音屋剭音握與音餘（疏）軍旅至竁焉○釋曰屋誅謂甸師氏屋舍中誅則王之同族及有爵者也是以易鼎卦云鼎折足覆公餗其刑屋鄭義以爲餗美饌鼎三足三公象若三公傾覆王之美道屋中刑之與此同云爲明竁焉者明用刑以

板書其姓名及罪狀著於身竄壙中也○注鄭司至葬與○釋曰先鄭以屋爲夫三爲屋者謂夷三族解之後鄭不從者夷三族乃是戰國韓信等用商鞅連相坐之法造三夷之誅既亂世之法何得以解太平制禮之事乎鄭知罪人亦有明刑書於木者見昭二年鄭公孫黑作亂子產數其罪云不速死大刑將至七月壬寅縊尸諸周氏之衢加木焉注云書其罪於木以加尸上而皋之非禮故書殺以惡黑知明刑者書可知知夜葬者以其司烜主明火掌夜事既令掌之則罪人夜葬可知故曾子問云見星而行者惟罪人是夜葬之事也

附釋音周禮注疏卷第三十六

南昌盧氏宣旬校定

皇清嘉慶二十年江西南昌府學開雕

知南昌府張敦仁署鄱陽縣候補知州周澍栞

周禮注疏卷三十六挍勘記　阮元撰盧宣旬摘錄

附釋音周禮注疏卷第三十六

司刑

若今宦男女也　諸本宦作宮此誤疏中同

謂易君命　補毛本謂作觸當據正

云降畔寇賊刼掠奪攘撟虔者　惠挍本掠作略此誤

小曰提縈　閩本同監毛本提改緹

惟赦墨劓與刖三者　漢制考惟作唯

其宮刑至唐乃赦也　閩本同誤也漢制考及監毛本唐作隋當據正書呂刑正義云隋開皇之初始除男子宮刑婦人猶閉於宮

案文十八年中克云閩本同監毛本下衍先君二字又監本文誤士

司刺

恐○不獲實毛本恐下無圈此誤

若舉刃欲斫伐大字本岳本嘉靖本閩本同監毛本斫誤砍○按今俗有此字讀如坎卦之坎而韻書無之

若閒帷薄忘有在焉漢制考作忘有在焉者諸本俱脫者當補

與喻之義耳漢制考疊之字

再赦曰老旄唐石經諸本同葉鈔釋文作老秏云本又作旄同今通志堂本改老耄非鄭注大司寇引書上

秏荒

司約

治摯之約次之　唐石經諸本同嘉靖本摯作摯

夔子不祀祝融　釋文宋本錢鈔本嘉靖本皆作夔子此訛

常平諸侯直命祀社　宋本閩本同監毛本平誤年

或有彫器簠簋之屬　漢制考彫作雕

豈此舊典之遺言　漢制考下有與諸本皆脫當補

故知使神監焉　惠挍本使作欲此誤

謂殺雞取血釁其戶　宋本嘉靖本同閩監毛本雞作鷄疏及司盟注同惠挍本疏中亦作雞

云則珥而辟藏　宋閩監毛本珥改衈

割雞當門　惠挍本雞下有門此脫

凡邦之盟約大史及六官　惠挍本之下有大大史下有內史二字此脫

司盟

而騁告公曰　閩本同監毛本騁誤聘

及其禮儀　唐石經諸本同釋文作禮義云音儀今本竟改作儀非○按唐字多用義爲儀見先鄭注

有疑不協也　大字本嘉靖本毛本同錢鈔本閩監本協作恊

以詛射頴考叔者　大字本岳本嘉靖本同閩監毛本頴作潁非

紇𢉔公鉏　惠挍本無紇

撿其自相違約　按檢字當从木作檢檢猶防也制也

撿後相違約勸之　閩監本撿作檢

使其邑閭出牲而來盟已　大字本作使邑閭出牲來盟已已爲已之誤今本其而二字葢衍宋本閩本已作旣誤也○按而來盟句絕已字連下讀猶已而也

則遺其地之民　閩毛本遺作遣此及監本皆誤

職金

所送者謂若荆楊貢金三品　閩本所送剜改入征監毛本從之

青乏之山　惠挍本作青丘

無齊之理　閩本同監毛本齊改濟非

作槍雷椎椁之屬　大字本槍作搶非嘉靖本椁作椁釋文作椎椁云宅耕反本又作桴漢讀考椁作椁云說文作打撞也從木丁聲通俗文撞出曰朾釋元應曰敞敦椁朾四形同丈衡切今釋文作椁訛

司厲

盜賊贓　閩監毛本同嘉靖本贓作賍監本疏中亦作賍較贓之贓字稍正按朝士注云若今時加貴取息坐贓贓卽俗臧字也

男子入于罪隷女子入于舂槀 唐石經諸本同毛本槀誤槀疏中引經同漢書刑法志作女子入舂槁槀槁一字也說文女部云奴奴婢皆古之辠人也周禮曰其奴男子入于辠隷女子入于舂藁从女从又按罪當從許引作古辠字

予則奴戮汝 嘉靖本汝作女釋文戮女音汝

從坐而沒入縣官者 此本監本官誤宮今據諸本訂正

犬人

凡幾珥沈辜 宋本辜誤辠監本誤辜疏及下掌戮同

幾讀爲庪 大字本岳本閩本同嘉靖本庪作庋宋本作庋監毛本譌庪下同釋文作爲祓

祭山曰庪縣 宋本作祭山曰庪無縣字釋文祓縣音元○按毛本作祭山川瘞縣誤甚

珥當爲衈 賈疏作讀爲

先鄭讀幾爲庪　宋本庪作庋

司圜

弗使冠飾者著墨幪　閩監毛本同誤也釋文大字本岳本嘉靖本作黑幪當據以訂正蓋賈疏引孝經緯作墨幪○按依說文當作幏加卄者非也

上罪墨象赭衣　浦鏜云墨象疑墨幪誤下同

畫象刑者則尚書象刑　按上刑字當衍

掌囚

上罪梏拲而桎　說文手部云拲兩手同械也从手从共共亦聲周禮上辠梏拲而桎或从木作桊按罪字當從說文作辠

宜以先言梏　浦鏜云宜當直之誤

掌戮

大刑有五 浦鏜云夫誤大

衛侯燬滅邢 監本邢誤刑○按依說文當作邢

髡者使守積 唐石經葉鈔釋文大字本作髡者髡字下從兀諸本作髡譌漢書刑法志作完者使守積師古注用司農義按髡完聲相近鄭司農改字本班志

髡當爲完 錢鈔本閩本同大字本嘉靖本監毛本云當作完

司隸

厲遮例也 釋文例也本又作列同音烈按釋文例列字當互倒鄭注當本作遮列○按不然遮例即遮迾也說文曰迾遮也

罪隸

其守王宮與其厲禁者如蠻隸之事　唐石經諸本同浦鏜引王明齋曰十四字宜屬閩隸以文義詳之不應末言蠻隸而曰如蠻隸之事按司隸職云掌帥四翟之隸使之皆服其邦之服執其邦之兵守王宮與野舍之厲禁則守王宮與其厲禁者明屬四翟之隸之職與罪隸無涉今三翟隸有文獨閩隸缺明是彼之脫簡誤衍於此蓋賈疏本已如是鄭注時則未誤也○按鄭注時本不如是

閩隸

謂若畜鳥氏掌畜禽鳥　閩本同監毛本禽改猛非按畜鳥氏謂掌畜也

夷隸

介葛盧聞牛鳴　岳本盧作廬非

貉隸

若周末失道　浦鏜云未誤末

互見之耳 閩監毛本耳改也

秋官司寇下

布憲

此與大司寇 補此本寇下空闕一字

晦漫禮儀也 閩監毛本漫作慢

禁殺戮

元謂攘猶卻也 嘉靖本同閩監毛本卻誤郤大字本作却俗字下同

然今言見血 閩監毛本然改若

禁暴氏

亦刑所禁也 大字本無也

野廬氏

比猶校也　大字本岳本嘉靖本同錢鈔本校作挍是也當據以訂正閩監毛本校改較按漢人作比校字从木

故云廬之屬以苞之　閩監毛本苞改包

聚欜之　唐石經鈌葉鈔釋文嘉靖本欜作櫜

有相翔者誅之　嘉靖本閩監毛本同唐石經大字本岳本者下有則當據以補正石經考文提要引周禮訂義有則字

釋曰守塗地之人　閩本同監毛本塗改涂

凡道路之舟車轚互者　說文車部云轚車轄相擊也从車从毄毄亦聲周禮曰舟輿轚互者按周禮舟車許引作舟輿為異轚當從周禮作轚許正引此經以證轚字也鄭注當本作舟車轚互猶許君云車轄相擊也故賈疏釋注云車互相擊○按鄭引經文不當改字

車有轘轅坻閣　釋文作環轅云本亦作轘同按轘當依陸本作環因注云車有環轅故改從車旁也段玉裁云坻字徐之爾反則字作坻

東至於厎柱　閩監毛本厎誤底下同

是厎柱爲水之溢道者也　閩監毛本溢作隘

皆爲防姧也　大字本宋本同閩監毛本姧改奸嘉靖本作姦按廣韻姦俗作姧

射邪趍疾　閩監本同大字本錢鈔本嘉靖本毛本趍作趨當據正趍俗趨字毛本疏中亦作趍

比校治道者名　大字本岳本嘉靖本閩監本同錢鈔本毛本校作挍漢制考作較

若今次金敘大功　諸本同賈疏本大作丈云官名次金敘功主以丈尺賦功今俗本多誤爲次敘大功○按疏云漢時有官名次金敘敘字恐衍蓋賈本作次金丈功俗本云次敘大功今本轉寫互誤各衍一字耳賈云有官名次金亦未可信此注宜定爲若今次敘丈功金與敘形之誤大與丈亦形之誤

使有功效　閩監毛本效改劾

若今絕蒙布巾　閩監毛本同大字本宋本岳本嘉靖本布巾作大漢制考所引同當據正

邦之大師　唐石經作邦之有大師今諸本脫有字○按有字不必補

非此常人也　大字本閩監本同誤也錢鈔本嘉靖本毛本此作此當據以訂正

備姦人內賊及反閒　閩監毛本同大字本嘉靖本姦作奸　奸者俗姦字

蜡氏

曲禮四足死者曰漬　大字本曲禮下有曰此脫釋文漬作殰云又作漬

脊讀爲漬　大字本岳本嘉靖本同閩監毛本漬作殰

月令曰掩骼埋胔　浦鏜云胔下脫一胔字漢讀考云月令上當有元謂二字司農從故書作脊而易爲漬鄭君從今書作骴而釋其義胔同骴說文曰骴或從肉是也按此引月令當本作掩骼埋骴禮記音義云胔

亦作骴此疏引彼注云肉腐曰骴可證此作胔是淺人據今本月令所改當訂正下同

鐲讀如吉圭惟饎之圭圭絜也 大字本如作若監毛本絜作潔非疏同漢讀考作讀爲

人所蔵惡也 釋文蔵今本多作䘕按鄭用蔵字考工記注云粤地塗泥多草蔵又函人注無蔵也皆可證○按說文有蔵無䘕一正一俗也漢人用蔵

今時揭𥟖是也 閩監本同誤也揭字當從諸本作木旁唐石經作楬下準此監本櫫誤𥟖

有郡界之吏 閩監毛本同誤也大字本宋本嘉靖本郡作部漢制考所引同當據以訂正

若比長閭胥黨宰之誅 惠挍本作里宰此誤

雍氏

阱穿地爲漸 嘉靖本同大字本漸作塹閩監毛本作壍按釋文爲塹本又作壍漸葢塹之訛

書棐誓曰　大字本岳本嘉靖本閩本同監毛本棐誤柴疏同按釋文棐誓音秘○按自唐以前皆作棐誓至衞包乃妄改爲費誓

伯禽以出師征徐戎　釋文徐戎劉本作郐音徐按今文尚書䢵作郐戎鄭注本之○按郐字見說文

爲其就禽獸魚鼈自然之居　嘉靖本同閩監毛本鼈改鱉

謂毒魚及水蟲之屬　岳本脫及

文云浣者謂毒魚及水蟲之屬者　惠按本文作又此誤

萍氏

及入水捕魚鼈不時　嘉靖本鼈作鱉宋本作鼈此本閩本疏中同監本及誤反

苛察沽買過多　大字本買作賈按釋文沽買一本作賣賓蓋賣之訛○按今俗語亦呼買物件爲買

古語之遺者也

無彝酒閩監毛本同大字本嘉靖本彝作夷當據正此本疏中亦云夷常也○按韓非引書亦作夷

有政之大目有事之小目閩監毛本目皆作臣毛本有事誤在事

司寤氏

若今甲乙至戊嘉靖本戊作戊後又於戊中補一點九經三傳沿革例云各本作甲乙至戊獨蜀本作戊漢制考作戊云疏以戊爲戊誤甲乙至戊謂夜有五更又引衛宏漢舊儀云五夜甲夜乙夜丙夜丁夜戊夜

然則夜是明之首惠挍本夜作晨此誤

司烜氏

以鑒取明水於月說文金部云鑑大盆也一曰鑑諸可以取明水於月从金監聲按依許書監當作鑑天官淩人春始治鑒今作鑑○按說文篆體今本不必皆古本也不當云許必作鑑

欲得陰陽之絜氣也　大字本岳本嘉靖本絜作挈此非

明齍謂以明水脩滌粢盛黍稷　閩監毛本同大字本岳本嘉靖本脩作滫按賈疏本作滫云滫謂滌瀞滌謂蕩滌釋文無音葢陸本作脩取修絜義亦通明齍當作明粢釋文於經云明齍音資注作粢同○按脩滫皆非也乃溲字之譌耳說文作浚沃汏也

十人執燭抱燋　浦鏜云主誤十

或以百皷一處設之　閩本同監毛本皷改根

火辰星在卯南見　閩監本同當從毛本作大辰

元謂屋讀如其刑剭之剭　監本謂誤爲漢讀考作讀爲禮說云班固述哀紀曰底剭鼎臣

服虔曰周禮有屋誅

若今揭頭　監毛本同嘉靖本閩本及漢制考揭皆作楬

鼐三足　浦鏜云鼎誤鼐

周禮注疏卷三十六挍勘記終

南昌袁泰開挍

附釋音周禮注疏卷第三十七

鄭氏注　賈公彥疏

條狼氏掌執鞭以趨辟王出入則八人夾道公則六人侯伯則四人子男則二人趨辟趨而辟行人若今卒辟車之爲也孔子曰富而可求雖執鞭之士吾亦爲之言士之賤也○趨辟七須反下婢亦反又音避劉薄易反徐扶亦反注趨辟辟行人同卒子忽反下衍卒同辟車必亦反又婢亦反〔疏〕條狼至二人○釋曰按序言條狼氏下士六人胥六人徒六十人今云天子八人少二人矣蓋取胥徒中兼充也

凡誓執鞭以趨於前且命之誓僕右曰殺誓馭曰車轘誓大夫曰敢不關鞭五百誓師曰三百誓邦之大史曰殺誓小史曰墨前謂所誓衆之行前也有司讀誓辭則大言其刑以警所

誓也誓者謂出軍及將祭祀時也出軍之誓誓左右及馭則書之甘誓備矣郊特牲說祭祀之誓曰卜之日王立于澤親聽誓命受教諫之義也車轘謂車裂也師樂也大史小史主禮事者鄭司農云誓大夫曰敢不關謂不關於君也立謂大夫自受命以出則其餘事莫不復請○轘戶串反一音環大音泰注同行戶剛反警京領反復請劉上音服下音情

【疏】凡誓至曰墨○釋曰誓自有大官若月令田獵司徒北面以誓之誓時此條狼氏則為之大言使衆聞知故云且命之誓僕右者僕大僕與王同車故大僕職云軍旅贊王鼓注云佐擊其餘面通右與馭及王四乘也右謂勇力之士在車右備非常誓馭謂與王馭車者也○注前謂至復請○釋曰云謂出軍及將祭祀時也者若且命以上軍旅祭祀同有此事僕右四乘校軍旅時師與大史小史皆據祭祀時大夫敢不關亦據祭祀須關君是以鄭引甘誓證軍旅引郊特牲證祭祀也云甘誓備矣者按甘誓云左不攻于左汝不恭命右不攻于右汝不恭命馭非其馬之正汝不恭命用命賞于祖弗用命戮于社予則孥戮汝是其備也郊特牲者王將祭之時故云卜之日王立于澤謂在澤宮也澤宮者擇士可與祭者之宮親自聽有司誓命此是受教諫之義也云車轘謂車裂也者春秋左氏傳云轘觀起於四境是也師知是樂師者以其

下有大史小史皆掌禮禮樂相埒故知師是樂師大師瞽人之長也鄭司農云瞽大夫曰敢不關謂不關於君也此先鄭義未足故後鄭增成之玄謂大夫自受命以出則其餘事莫不復請言此者欲見受命出征梱外之事將軍裁之不須復請除此以外其無不復請皆須請於君乃得行事是以襄公十九年秋七月辛卯齊侯環卒晉士匄帥師侵齊至穀聞齊侯卒乃還公羊傳曰還者何善辭也何善爾大其不伐喪也此受命乎君而伐齊則何大乎其不伐喪大夫以君命出進退在大夫也是其不復請君之事也若穀梁大夫雖在外猶當復請于君不敢專故曰還者事未畢之辭也受命而誅生死無所加其怒不伐喪善之也善之則何爲未畢也君不尸小事臣不專大名善則稱君過則稱已則民作讓矣士匄外專君命故非之也然則爲士匄者宜奈何宜墠帷而歸命乎介是其雖在外不得專命之事也

脩閭氏掌比國中宿互㮱者與其國粥而比其追胥者而賞罰之國中城中也粥養也國所游養謂羨卒也追逐寇也胥讀爲偦故書互爲巨鄭司農云宿謂宿衛也巨當爲互謂行馬所以障互禁止人也㮱謂行夜擊㮱○比毗志反下同宿如字劉

息就反粥音育追如字劉〔疏〕脩閭至罰之○釋曰云掌比
張類反脩音胥又息呂反〔疏〕國中宿互欜者互謂行馬所以爲遮障宿者所守衞欜者謂宿復擊欜持更也云與其國粥者謂國家粥養未入正卒且爲羨卒者云而比其追胥者使此羨卒追而逐寇胥爲伺捕盜賊二事也

禁徑踰者與以兵革趨行者與馳騁於國中者皆爲其驚衆〔疏〕禁徑至中者○釋曰以其職作脩閭當脩理門閭故禁此三者也

邦有故則令守其閭互唯執節者不幾令者令其閭內之閭胥里宰之屬〔疏〕注令者至之屬○釋曰邦有故謂有寇戎大喪札喪皆是恐有姦非則命各遣守閭閭巷門有執節公使者不幾訶也但言閭惟據鄉內注兼云里宰者官名脩閭以六鄉爲主其實兼主六遂故言里宰以包之也

冥氏掌設弧張弧張罿罦之屬所以扃絹禽獸○冥音覓罿昌容反劉上凶反罦音浮扃丂熒反絹古犬反一音古縣反罦氏注同〔疏〕注弧張至禽獸○釋曰弧弓也謂張弓以取猛獸云罿罦之屬者詩云雉

羅于罿雉羅于罦並是取禽獸之物言之屬仍有兎罝之等皆是扃絹禽獸者也**爲阱擭以攻猛獸以靈鼓毆之**靈鼓六面鼓毆之使驚趨阱擭○毆丘于反後同（疏）注靈鼓至阱擭○釋曰知靈鼓六面者以鼓人云靈鼓鼓社祭晉鼓鼓鼓等非祭社之鼓並兩面路鼓祭宗廟故知加兩面爲四面地神尊於宗廟加兩面爲六面天尊於地神加兩面爲八面以此差之知靈鼓六面鼓也**若得其獸則獻其皮革齒須備**鄭司農云須直謂頤下須備謂擂也○擂音爪（疏）若得至須備○釋曰猛獸有不得之法故云若以不定之言也若得猛獸之時猛獸之肉不堪人噉故當獻其皮革須備也皮謂若虎豹熊羆革謂無文章者去毛而獻之齒即牙也須備如先鄭所說虎豹有須備獻之以擬器物之用也

庶氏掌除毒蠱以攻說禬之嘉草攻之毒蠱蟲物而病害人者○賊律曰敢蠱人及教令者棄市攻說祈名祈其神求去之也嘉草藥物其狀未聞攻之謂燻之鄭司農云禬除也玄謂此禬讀如潰癰之潰○庶章預反毒蠱音古禬劉音潰戶內反艸音草本亦作草令力呈反去起呂反燻許云

反【疏】庶氏至攻之○釋曰除毒蠱曰言之攻說禬之據去其神也嘉草攻之據去其身者也○注毒蠱至之潰釋曰云攻說祈名者大祝六祈有類造禬禜攻說故知也先鄭云禬除也後鄭增成其義潰癰之潰俗讀也

凡敺蠱則令之比之使爲之又校次之【疏】凡敺至比之○釋曰云敺之止謂用嘉草熏之時並使人敺之既役人衆故須校比之

穴氏掌攻蟄獸各以其物火之蟄獸熊羆之屬冬藏者也將攻之必先燒其所食之物於其外以誘出之乃可得之【疏】注蟄獸至得之○釋曰知熊羆之屬者鄭目驗而知猛獸之蟄惟有熊羆之屬也言以其物火之明是燒其所食之物誘之使出穴外乃可得也

以時獻其珍異皮革【疏】以時至皮革○釋曰謂熊羆之皮革及熊蹯之等

翨氏掌攻猛鳥各以其物爲媒而掎之猛鳥鷹隼之屬置其所食之物於絹中鳥來下則掎其脚○掎居綺反注同隼息允反【疏】注猛鳥至其脚○釋曰云各以其物

爲媒者若今取鷹隼者以鳩鴿置於羅網之下以誘之云鷹隼之屬者王制云鷹隼擊然後罻羅設易云公用射隼於高墉之上隼即謂之鶻者也**以時獻其羽翮**。翮戶革反

柞氏掌攻草木及林麓。林人所養者山足曰麓　柞側百反麓音鹿

〔疏〕注林人至曰麓。釋曰此柞氏與薙氏治地皆擬後年乃種田但下有薙氏除草此柞氏攻木兼云草者以攻木之處有草兼攻之故云草也云林人所養者若林衡所掌者未必人所養此乃人所攻治以擬種殖故知此林麓人所養治者也漆林之征亦此類也山足曰麓爾雅文林麓謂麓上有林者也此掌攻與下文爲目也

夏日至令刊陽木而火之冬日至令剥陰木而水之　刊剥互言耳皆謂斫去次地之皮生山南爲陽木生山北爲陰木火之水之則使其肄不生。刊若干反去起呂反肄以四反

〔疏〕夏日至水之。釋曰夏日至謂五月夏至之日爲之也令刊陽木而火之謂先刊削以去其皮乃燒之冬日至謂十一月冬至之日爲之剥陰木而水之亦謂剥去其皮乃水此文與下文相兼乃足也必以夏刊陽木冬剥陰木者夏

至之日則陰生冬至陽生陽木得陰而鼓陰木得陽而發故須其時而刊剝之也山虞取其堅刃冬斬陽夏斬陰此欲死之故夏陽木冬陰木○注刊剝至不生○釋曰云刊剝互言耳者謂削之亦剝之剝謂剝去其皮亦削之故云互也云生山南爲陽木生山北爲陰木者爾雅云山南曰陽山北曰陰云火之水之則使其肄不生者斬而復生曰肄若以水火斬而不復重生故云使其肄不生也

若欲其化也則春秋變其水火化猶生也謂時以種穀也變其水火者乃所火則水之所水則火之則其土和美 疏 注化猶至和美○釋曰此覆釋上文此刊木正○欲種田生穀故云若欲使前刊木分○穀之時則當以春秋變其水火也變之者前文云夏日至刊陽木火之者至秋以水漬之前冬日至剝陰木以水之者至後春以火燒之如此則地和美也

凡攻木者掌其政令除木有時 疏 注除木有時○釋曰凡國家有欲攻木者皆來取柞氏政令所以取政令者除木有時如上冬夏者也

薙氏掌殺草春始生而萌之夏日至而夷之

秋繩而芟之冬日至而耜之故書萌作甍杜子春云甍當爲萌謂耕反其萌芽書亦或爲萌玄謂萌之者以茲其斫其生者夷之以鉤鎌迫地芟之也若今取茭矣含實曰繩芟其繩則實不成孰耜之以耜測凍土剗之○繩音孕以證反注同芟所銜反甍音萌茲其音基茲其鉏也鎌音兼茭音交剗初産反劉則展反【疏】注故書至剗之○釋曰此薙氏所掌治地從春至冬亦一年之事後年乃可種也子春云萌謂耕反其萌牙後鄭不從者此經云殺草則是萌謂草始生出地之時非是十一月草木萌動其色赤十二月牙其色白何得耕反其萌牙乎以是不從子春之說也玄謂萌之者以茲其斫其生者漢時茲其即今之鋤也云夷之以鉤鎌迫地芟之也若今取茭矣者見今取茭草亦於夏迫地取之故舉爲況也云含實曰繩者秋時草物含實也云耜之以耜測凍土剗之者耜廣五寸謂耒頭金冬時地凍故以耜附測凍土剗之如此春種則地和美若欲其化也則以水火變之謂以火燒其所芟萌之草已而水之則其土亦和美矣月令季夏燒薙行水利以殺草如以熱湯是其一時著之掌凡殺草之政令

硩蔟氏掌覆夭鳥之巢覆猶毀也夭鳥惡鳴之鳥若鴞鵩。○覆芳服反注同夭音妖後夭鳥同鴞于嬌反鵩音服〔疏〕注覆猶至鴞鵩。○釋曰禮記云無覆巢者謂非夭鳥者也此官覆毀夭鳥之巢窠也云鴞鵩者鴞之與鵩二鳥俱是夜爲惡鳴者也以方書十日之號十有二辰之號十有二月之號十有二歲之號二十有八星之號縣其巢上則去之方版也日謂從甲至癸辰謂從子至亥月謂從娵至荼歲謂從攝提格至赤奮若星謂從角至軫夭鳥見此五者而去其詳未聞。○縣音玄娵徐劉並子須反荼劉沈音餘李音舒又音徒按爾雅正月爲娵即離騷所云攝提貞于孟陬皆側留反又子侯反爾雅又云十二月爲涂音徒今注作娵荼二字是假借耳當依爾雅讀從攝提格至赤奮若爾雅曰太歲在寅曰攝提格在丑曰赤奮若〔疏〕注方版至未聞。○釋曰云日謂從甲至癸者據十幹而言辰謂從子至亥者據十二支而說月謂從娵至荼歲謂從攝提格至赤奮若者彼爾雅釋天文太歲在寅曰攝提格在卯曰單閼在辰曰執徐在巳曰大荒落在午曰敦牂在未曰協洽在申曰涒灘在酉曰作噩在戌曰閹茂在亥曰大淵獻在子曰困敦在丑曰赤奮若是也又云正月爲泰二月爲知三月爲病四月爲余五月爲皐六月爲且七月爲相八月爲壯九月爲玄十月爲賜十一月爲辜十二月爲涂是也星謂從角至軫右旋數之

翦氏掌除蠹物以攻禜攻之以莽草熏之蠹物穿食人器物者蟲魚亦是也攻禜祈名莽草藥物殺蟲者以熏之則死故書蠹爲橐杜子春云橐當爲蠹○蠹丁故反攻如字劉音貢禜音詠莽亡蕩反又莽草藥名橐劉古毛反本或作櫜他各反〔疏〕翦氏至熏之○釋曰以攻禜攻之據祈去其神故以六祈而言之以莽草熏之據去其身也○注蠹物至爲蠹○釋曰云蟲魚亦是者除蠹物穿食餘器物至於蠹魚惟見書內有白魚及白蠹食書故云亦是也

凡庶蠱之事庶除毒蠱者蠱蠹之類或熏以莽草則去○庶章預反〔疏〕注庶除至則去○釋曰翦氏至除蠹物其蠹毒自是庶氏今此云凡庶蠱者同類相兼左右而掌之故鄭云庶除毒蠱者蠱蠹之類或熏以莽草則去此鄭解翦氏兼掌蠱之意以其翦氏有用莽草熏

蠱是以蠱毒亦使翦氏除之也

赤犮氏掌除牆屋以蜃炭攻之以灰洒毒之酒灑也除牆屋者除蟲豸藏逃其中者蜃大蛤也擣其炭以坋之則走淳之以灑之則死故書蜃爲晨鄭司農云晨當爲蜃書亦或爲蜃○蜃市軫反洒色買反劉霜寄反豸直氏反坋蒲悶反淳之純反〔疏〕赤犮至毒之○釋曰赤犮氏掌除蟲豸自藏埋者今不指其蟲豸之名直云除牆屋者以其蟲豸自埋藏人所不見故不指蟲而以牆屋所藏之處而已爾雅有足曰蟲無足曰豸藏逃之類有此二者淳即沃也謂灑沃以汁則死也蜃炭地官掌蜃以共蜃炭蜃炭者謂蜃灰是也

凡隙屋除其貍蟲貍蟲䗪肌蛷之屬○貍莫皆反劉莫拜反䗪草夜反肌居其反求本或作蛷音求劉音俱〔疏〕凡隙至貍蟲○釋曰禮記云如駟之過隙隙謂孔穴也埋藏之蟲在屋孔穴之中故以隙屋言之○注貍蟲至之屬○釋以隙肌蛷皆是自貍之蟲也

蟈氏掌去鼃黽焚牡蘜以灰洒之則死牡蘜蘜不華者

齊魯之間謂鼃爲蟈黽耿黽也蟈與耿黽尤怒鳴爲聒人耳去之○去起吕反注去之同鼃戸媧反黽莫幸反牡莫口反蘜弓六反爲聒于僞反下古活反銜枚氏放此【疏】蟈氏至則死○釋曰掌去鼃黽此文與下爲目也○注牡蘜至去之○釋曰云牡蘜蘜不華者此則月令季秋云蘜有黃華是牝蘜也云齊魯之間謂鼃爲蟈者官號蟈氏及經無云蟈故鄭以齊魯之言爲證鼃爲蟈故名蟈氏也

以其煙被之則凡水蠱無聲杜子春云假令風從東方來則於水東面爲烟令烟西行被之水上○被皮義反注同令力呈反注同【疏】以其至無聲○釋曰上文云焚牡蘜洒之則死此經云以其烟明還用牡蘜之烟被之水上也

壺涿氏掌除水蟲以炮土之鼓敺之以焚石投之水蟲狐蜮之屬故書炮作泡杜子春讀炮爲苞有苦葉之苞玄謂燔之炮之○炮炮土之鼓瓦鼓也焚石投之使驚去○炮步交反注泡苞同蜮音或燔音煩【疏】注水蟲至驚去○釋曰云水蟲狐蜮之屬者蜮即短狐一物南方水中有之含沙射人則死者也言之屬者水蟲衆矣故云之屬以包之也子春讀從詩苞有苦葉之苞者取其聲

同耳不取義也玄謂燔之炮之炮者亦讀從詩此取炮燒之義故云炮土之鼓尨鼓也云焚石投之使驚去者石之燔燒得水作聲故驚去也

若欲殺其神則以牡橭午貫象齒而沈之則其神死淵爲陵

神謂水神龍罔象故書橭爲梓午爲五杜子春云梓當爲橭橭讀爲枯枯榆木名書或爲樗又云五貫當爲午貫○橭劉音沽杜讀爲枯劉亦音枯案如杜義則音枯山榆也梓音子本或作橭樗丑居反

疏 若欲至爲陵○釋曰云以牡橭午貫象齒而沈之者按儀禮大射云若丹若墨度尺而午彼物射者所履記安足之處十字爲之今此亦然神謂水神龍罔象也橭讀爲枯枯榆木名以橭爲幹穿孔以象牙從橭貫之爲十字沈之水中則其神死淵爲陵所謂深谷爲陵是也

庭氏掌射國中之夭鳥若不見其鳥獸則以救日之弓與救月之矢射之

不見鳥獸謂夜來鳴呼爲怪者獸狐狼之屬鄭司農云救日之弓救月之矢謂日月食所作弓矢玄謂日月之食陰陽相勝之變也於日食則射大陰月食則射大

陽與。○射食亦反下注同呼喚故反【疏】庭氏至射之○釋
下文䚯呼同大音泰下文同與音餘曰云掌射國中之
夭鳥者城郭之所人聚之處不宜有夭鳥故去之○注不見
至陽與○釋曰云獸狼狐之屬不言鳥者上文注鴞鵩已解
也玄謂日月之食陰陽相勝之變也者日之食晦朔之間月
之食惟在於望日食是陰勝陽月食是陽勝陰未至爲災故
云陰陽相勝之變也所以救日月用弓矢射之者鄭以意推
量日食則射大陰者以陰侵陽臣侵君之象故射大陰是其
常不足可疑月食是陽侵陰君侵臣之象陽侵陰非逆既用
弓不得不射若射常射大陽以是爲疑故云月食則射大陽
與以疑之**若神也則以大陰之弓與枉矢射之**神謂非鳥
獸之聲若或叫于宋大廟譆譆出出者太陰之弓救月之弓
枉矢救日之矢與不言救月之弓與救日之矢者互言之救
日用枉。枉矢則救月以恒矢可知也【疏】若神至射之○釋曰
○譆許其反詘劉音出本亦作出若神神也者謂不見其
身直聞其聲非鳥獸之神耳則以大陰救月之弓與救日枉
矢射之○注神謂至知也○釋曰鄭知神謂非鳥獸之聲者
見宋大廟有聲非鳥獸之聲者見宋太廟有聲非鳥獸之聲
既有聲又非鳥獸之聲故知是神聲若神降于莘之類是也

云若或呌於宋太廟譆譆出出者左傳文云太陰救月之弓枉矢救日之矢與者太陰之弓爲救月之弓不言與則不疑不疑者以其與經云救日之弓相對彼言救日之弓明此太陰之弓是救月之弓可知若然上言救月之矢則此枉矢是救日可知而言與以疑之者但救日與太陰相對故不疑上言救月此不言太陽之矢直言枉矢矢名而已故須疑之云不言救月之弓與救日之矢者互言之者若此文云救月之弓與救日之矢爲文自足何暇須互旣不須互則上下二文全不見弓矢之名矣是以互見其文欲見有弓矢之名故也互者上文云救日明太陰是救月此文救月是太陰則上文救日是太陽也又枉矢見矢名不言救明有救名救月之矢見救不見矢名明亦有名亦是互也云救日用枉矢則救月以恒矢可知也者見司弓矢枉矢最在前明救月矢當在枉矢之下故知救月用恒矢可知不用庳矢以其庳矢弩所用故也

銜枚氏掌司囂察囂讙者爲其聒亂在朝者之言語○囂五羔反下同讙呼九反朝直遥反下同

（疏）注察囂至言語○釋曰以銜枚不得語是止讙囂之官故掌司察囂讙之事

國之大祭

祀令禁無囂令令主祭祀者（疏）注令令主祭祀者○釋曰國之大祭祀謂天地宗廟令主祭祀之宮使禁止無得讙囂讙囂則不敬鬼神故也軍旅田役令銜枚爲其言語以相誤（疏）注爲其至相誤○釋曰軍旅田役二者銜枚氏出令使六軍之士皆銜枚止言語也禁嘂呼歎嗚於國中者行歌哭於國中之道者爲其惑衆相感動嗚吟也○嘂音叫吟魚今反（疏）注爲其至吟也○釋曰此經四事皆是在道爲之爲其惑衆釋嘂呼歌也相感動解歎嗚與哭也云嗚吟也者以嗚與歎相連則嗚是歎之類故知嗚吟也

伊耆氏掌國之大祭祀共其杖咸咸讀爲函老臣雖杖於朝事鬼神尙敬去之有司以此函藏之旣事乃授之○函音咸去起呂反（疏）注咸讀至授之○釋曰下二文云授杖此經惟言共杖函止謂祭祀時臣雖老合杖但爲祭祀尙敬暫去之去杖之時共杖函盛之祭祀訖還與老臣拄之老臣雖杖於朝事鬼神尙敬去之謂七十有德君不許致仕者也王制云七十杖於國八十杖於朝謂得致仕者與此異也

軍旅授有爵者杖別吏卒且以扶尊者將軍杖鉞○別彼烈反卒子忽反杖直亮反又音丈鉞音越（疏）注別吏至杖鉞○釋曰此謂在軍之時有爵謂士以上若然自伍長下士兩司馬中士卒帥上士旅帥下大夫師帥中大夫等並得杖云別吏卒者吏則命士以上卒謂一乘車步卒七十二人等若然甲士三人亦是民之無爵亦與步卒同無杖也知將軍杖鉞者今文泰誓言師尚父左杖黃鉞右把白旄是將軍杖鉞之事也

共王之齒杖王之所以賜老者之杖鄭司農云謂年七十當以王命受杖者今時亦命之爲王○杖玄謂王制曰五十杖於家六十杖於鄉七十杖於國八十杖於朝（疏）注王之至於朝○釋曰既共王之齒杖明皆據王賜老者之杖而言若不得王賜者自拄之也先鄭惟據七十故後鄭增成之引王制爲證也

大行人掌大賓之禮及大客之儀以親諸侯大賓要服以內諸侯大客謂其孤卿○要於遥反下文及注同（疏）大行至諸侯○釋曰此經與下經爲目大賓言禮亦有儀大客言儀亦有禮言禮據其始爲本言儀據威儀爲先云以親諸侯者易云先王以建萬國親諸侯則朝聘往

來是也○注大賓至孤卿○釋曰言要服以內諸侯者對要服已外爲小賓下文云九州之外謂之蕃國世壹見是也云大客謂其孤卿者謂還是大賓下孤卿對小行人所云小客則受幣聽其辭者爲小客言孤卿者據大國得立孤一人孤來聘侯伯已下無孤使卿來聘不言大夫士者殷聘使卿時聘使大夫士雖不得特聘爲介來亦入客中故下云諸侯之卿其禮各下其君二等大夫士亦如之是皆得爲客但據大聘略據尊者而言也此大賓大客尊卑異故言及以殊之此賓客相對則別散文則通是以大司徒云大賓客則令野脩道委積賓亦名客小司徒云小賓客令野脩道委積則客亦名賓是賓客通也

春朝諸侯而圖天下之事秋覲以比邦國之功夏宗以陳天下之謨冬遇以協諸侯之慮時會以發四方之禁殷同以施天下之政　此六事者以王見諸侯爲文圖比陳協皆考績之言王者春見諸侯則圖其事之可否秋見諸侯則比其功之高下夏見諸侯則陳其謀之是非冬見諸侯則合其慮之異同六服以其朝歲四時分來更迭如此而偏時會即時

見也無常期諸侯有不順服者王將有征討之事則既朝王命爲壇於國外合諸侯而發禁命事焉禁謂九伐之法殷同即殷見也王十二歲一巡守若不巡守則殷同殷同者六服盡朝既朝王亦命爲壇於國外合諸侯而命其政政謂邦國之九法殷同四方四時分來歲終則徧矣九伐九法皆在司馬職司馬法曰春以禮朝諸侯圖同事夏以禮宗諸侯陳同謀秋以禮覲諸侯比同功冬以禮遇諸侯圖同慮時以禮會諸侯施同政殷以禮宗諸侯發同禁○朝直遥反後皆同比毗志反注同春見徐賢遍反戚如字夏秋冬放此更音庚迭直結反徧音遍下文注皆同時見賢徧反下殷見同伐如字劉扶發反〔疏〕春朝至之政○釋曰此六者諸侯朝覲天子春秋冬夏時會殷同各自相對爲文春秋冬夏雖相對爲文及其受之處所則春夏爲陽秋冬爲陰以類同處是以鄭注曲禮云春夏受摯於朝受享於廟生氣文也故兩處受之秋冬一受之於廟殺氣質也故一處受之至於時會殷同自在國外爲壇受之耳○注此六至同禁○釋曰云此六事者以王見諸侯爲文者此六事者有考績之事故王下見諸侯爲文大宗伯無事相見故以諸侯見王爲文故言春見曰朝夏見曰宗之等也云圖比陳協皆考績之言者事功謀慮禁政是考校功績之語故知是考績之言也云春見諸侯則

圖其事之可否者以其事由春始故圖事也云秋見諸侯則比其功之高下者秋時物成故校比其功之高下以行賞罰也云夏見諸侯陳其謀之是非者夏物盛大形體皆異可分別故陳天下諸侯謀之是非云冬見諸侯則合其慮之異同者冬物伏藏故合其慮之異同也此四者皆因四時而爲名也云六服以其朝歲四時分來更迭如此而徧者云六服以其朝歲者以下文依服數來朝則有不朝之歲故云以其朝歲也四時分來更迭而徧者假令侯服一年年朝春東方來夏南方來秋西方來冬北方來甸服二歲一見亦春東夏南秋西冬北男服云歲一見當朝之歲亦然采服衛服要服皆然四方四分更互遞代來而徧云時會即時見也者大宗伯云時見故云即時見也云無常期諸侯有不順服者王將有征討之事則既朝王命爲壇於國外合諸侯而發禁命事焉者無常期者假令一方諸侯或一國或五國謀叛不順王命餘諸侯並來并兵衆而至一則自明服二則助王討之云既朝者諸侯有不當朝歲者則就國外壇朝而已是以司儀與覲禮有壇朝之法若諸侯來者次當朝之歲者則於國內依常朝之法既朝乃向外就壇行盟載之禮也故云既朝既朝當朝歲之諸侯也云王命爲壇於國外合諸侯而發禁命事焉者司儀所云者是也云禁謂九伐之法者大司馬所云九伐

是也云殷同即殷見也者大宗伯云殷見曰同故云即殷見也云王十二歲一巡守若不巡守則殷同殷同者六服盡朝者鄭必知王不巡守即行殷同者下文云十有二歲王巡守殷國殷國與巡守連文明同是十二歲若王巡守何須殷同明不巡守乃殷同也云既朝王亦命爲壇於國外合諸侯而命其政者此時六服盡朝於壇而云既朝者是當朝歲者在國朝既朝乃更於壇朝如時會然若然十二年唯衞服非朝之歲則既朝者侯甸男采要皆是也云殷同四方四時分來歲終則徧矣者春東方六服盡來夏南方六服盡來秋西方六服盡來冬北方六服盡來是歲終則徧矣云九伐九法皆在司馬職者按大司馬云掌建邦之九法以佐王平邦國制畿封國以正邦國之等是也九伐者彼又云以九伐之法正邦國馮弱犯寡則眚之之等是也司馬法曰以下彼四時春云事夏云謀秋云功冬云慮與此同惟時會言施同政殷同言發同禁二者與此不同者欲見二者更互而有故不同也

時聘以結諸侯之好殷覜以除邦國之慝此二事者亦以王見諸侯之臣使來者爲文也時聘者亦無常期天子有事諸侯使大夫來聘親以禮見之禮而遣之所以結其恩好也天子無事則已殷覜謂一服朝之歲也慝猶惡

也一服朝之歲五服諸侯皆使卿以聘禮來覜天子天子以
禮見之命以政禁之事所以除其惡行○好呼報反注同覜
通弔反慝吐得反使下孟反

疏

注此二至惡行○釋曰云此二事
來色吏反行下孟反
者言亦亦上諸侯也是亦以王見
諸侯之臣使來者爲文此亦對宗伯彼無考績之事直相見
故云時聘曰問殷覜曰視以見王爲文此有好慝之事故以
王下見爲文云時聘者亦無常期者亦諸侯云時會也云天
子有事諸侯使大夫來聘親以禮見之禮而遣之所以結恩
好也者此謂時會之年當方有諸侯不順服當方諸侯來餘
方無諸侯不順之事身不來即大夫來聘天子亦有兵至助
王討逆云天子無事則已者此聘事爲有事若王無事則不來
也殷覜謂一服朝之歲也者按宗伯注云一服朝在元年七
年十一年以其朝者少聘者多故亦得稱殷殷衆也知亦命
以政禁之事者以其言除邦國之慝大司馬九法九伐平正
邦國所以除惡既言除
慝明亦命以政禁者也

間問以諭諸侯之志歸脤以交諸侯之福賀慶以贊諸侯之喜致禬以補諸侯之烖

此四者王使臣於諸侯之禮也間問者間
歲一問諸侯謂存省之屬諭諸侯之志者

諭言語諭書名其類也交或往或來者也贊助也致禬凶禮之弔禮禬禮也補諸侯裁者若春秋澶淵之會謀歸宋財○間問則之間注同脤上忍反禬音會澶市然反〔疏〕間問至之裁○釋曰此經天子於諸侯之法即下文云王之所以撫邦國已下是也此云之者以上二經已言諸侯見王之法故先略言王施恩於諸侯之禮○注此四至宋財○釋曰云此四者王使臣於諸侯之禮也者對上是諸侯及臣見王之禮故云此以對彼間問者間歲一問諸侯謂存省之屬者按下文云歲徧存三歲徧覜五歲徧省七歲屬象胥九歲屬瞽史十一歲達瑞節並是間歲之事故鄭云之屬以包之云諭諸侯之志者諭言語諭書名其類也者彼仍有協辭命之等故云其類也云交或往或來者也者欲見臣有祭祀之事亦得歸胙於王故云臣致膳於君有葷桃茢亦歸胙於王也按宗伯云脤膰本施同姓尊二代之後亦得之故僖二十四年宋成公如楚還入鄭鄭伯將享之問禮於皇武子對曰宋先代之後也於周為客天子有事膰焉有喪拜焉僖九年王使宰孔賜齊侯胙曰天子有事于文武使孔賜伯舅胙注云周禮脤膰之禮親兄弟之國不以賜異姓尊齊侯客之若先代之後是其事也此言脤不言膰文不具云致禬凶禮之弔禮禬禮也者按宗伯云以禬禮哀國敗此災亦云禬

者同是會合財貨故災亦稱禬也云澶淵之會謀歸宋財者此事見襄公三十一年左氏傳彼以宋遭災諸侯大夫謀歸宋財補不足故取爲證補災之事也按宗伯賀慶之禮親異姓之國此云諸侯者欲見庶姓諸侯有恩亦施及之故也按宗伯嘉禮有六此惟施二者但此二者可施與諸侯其餘飲食冠婚饗燕直制法行之非歸與之禮故不言也若然彼宗伯凶禮有三此唯言弔禮餘四者不言者行人唯主弔法餘禮蓋自有人主之故此不言也隱元年宰咺來歸惠公仲子之賵服氏云咺天子宰夫是宰夫主賻賵之事是其別主之類也

以九儀辨諸侯之命等諸臣之爵以同邦國之禮而待其賓客

九儀謂命者五公侯伯子男也爵者四孤卿大夫士也

〔疏〕以九至賓客○釋曰此經與下爲目下文有五等諸侯次有孤執皮帛次諸侯之卿下其君二等次有大夫士亦如之是列五等四命等爵故鄭云命者五公侯伯子男也爵者四孤卿大夫士也

上公之禮執桓圭九寸繅藉九寸冕服九章建常九斿樊纓九就貳車九乘介九

人禮九牢其朝位賓主之間九十步立當車軹擯者五人廟中將幣三享王禮再祼而酢饗禮九獻食禮九舉出入五積三問三勞諸侯之禮執信圭七寸繅藉七寸冕服七章建常七斿樊纓七就貳車七乘介七人禮七牢朝位賓主之間七十步立當前疾。擯者四人廟中將幣三享王禮壹祼而酢饗禮七獻食禮七舉出入四積再問再勞諸伯執躬圭其他皆如諸侯之禮諸子執穀璧五寸繅藉五寸冕服五章建常五斿樊纓五就貳車五乘介五人禮五牢朝位賓主之間五十步立當車衡擯者三人廟中將幣三享王禮壹祼不酢饗禮五獻食禮五舉出入三積壹問壹勞諸男執蒲璧其他皆如諸子之禮繅藉以五采韋衣板若奠玉則以藉之冕服著冕所服之衣也九章者自山龍以下七章者自華蟲以下五章者自宗彝以下也常旗旃也旃其屬幓垂者也樊纓馬飾也以罽飾之每一處五采備爲一就就成也貳副也介輔已行禮者也禮大禮饔餼也三牲備爲一牢朝位謂大門外賓下車及王車出迎所立處也王始立大門內交擯三辭乃乘車而迎之齊僕爲之節上公立當軹侯伯立當疾子男立當衡王立當軫與廟受命祖之廟也饗設盛禮以飲賓也問問不恙也勞謂苦倦之也皆有禮以幣致之故書祼作果鄭司農云車軹軹也三享三獻也祼讀爲灌再灌再飲公也而酢報飲王也舉舉樂也出入五積謂饋之芻米也前疾謂駟馬車轅前胡下垂柱地者玄謂三享皆束帛加璧庭實惟國所有朝士儀曰奉國地所出重物而

獻之明臣職也朝先享不言朝者朝正禮不嫌有等也王禮王以鬱鬯禮賓也鬱人職曰凡祭祀賓客之祼事和鬱鬯以實彝而陳之禮者使宗伯攝酌圭瓚而祼王既拜送爵又攝酌璋瓚而祼后又拜送爵是謂再祼再祼賓乃酢王也禮侯伯一祼而酢者祼賓賓酢王而已后不祼也禮子男一祼不酢者祼賓而已不酢王也不酢之禮聘禮禮賓是與九舉舉牲體九飯也出入謂從來訖去也每積有牢禮米禾芻薪凡數不同者皆降殺○繅音藻藉在夜反下及注同荐音留下同樊畔于反下同乘繩證反下同介音界下及注同軹之氏反或居氏反擯必刃反後皆同祼古亂反酢才洛反食禮音嗣下及注皆同積子賜反後皆同勞老報反下及注并小行人司儀職放此信音申後信圭同衣板於既反著丁略反屬章玉反幓音衫厲居例反齊側皆反與音餘下是與步與皆同飲於鴆反下同恙羊尚反餽本又作饋來位反徐紀畏反柱張矩反飯扶晚反殺色界反〔疏〕上公至之禮○釋曰此一經摠列五等諸侯來朝天子天子以禮迎待之法云上公之禮至三問三勞徧論上公之禮但上公之禮一句摠與下爲目執桓圭九寸繅藉九寸此圭行朝禮於朝所執其服則皮弁若行三享則執璧瑞自冕服九章已下至將幣三享見行三享已前之事自王禮已下至三勞見王禮注公之

禮云執桓圭九寸者以桓楹爲飾繅藉九寸者所以藉玉冕服九章者衮龍已下衣五章裳四章建常九斿者但對文日月爲常交龍爲旂而云常者常揔稱故號旂爲常也樊纓九就者樊馬腹帶纓馬鞅以五采罽飾之而九成貳車九乘者按覲禮記云偏駕不入王門鄭云在傍與已同曰偏同姓金路異姓象路四衛革路蕃國木路此等不入王門舍於館乘墨車龍旂以朝彼據覲禮覲禮天子不下堂而見諸侯故諸侯不得申偏駕今此春夏受贄在朝無迎法亦應偏駕不來今行朝後行三享在廟天子親迎並申上服明乘金路之等若不申上車何得有樊纓九就之等以此知皆乘所得之車也但貳車所飾無文未知諸侯貳車得與上車同否但數依命九乘七乘五乘介九人者陳於大門外賓北面時介皆西北陳之也禮九牢者此謂饔餼大禮朝享後乃陳於館以數有九故進之與介同在上其朝位賓主之間九十步者上公去門九十步王未迎之時在大門內與賓相去之數也立當車軹者軹謂轂末車轅北向在西邊亦去大門九十步公於車東東西相望當轂末擯者五人者大宗伯爲上擯小行人爲承擯嗇夫爲末擯其餘二人是士廟中將幣三享者此謂行朝禮在朝訖乃行三享在廟乃有此迎賓之法也王禮者此與下爲目則自此已下皆王禮耳再裸而酢者大宗伯代

王祼賓君不酌臣故也次宗伯又代后祼賓祼訖賓以玉爵酢王是再祼而酢也饗禮九獻者謂後日王速賓賓來就廟中行饗饗者亨大牢以飲賓設几而不倚爵盈而不飲饗以訓恭儉九獻者王酌獻賓賓酢主人主人酬賓酬後更八獻是爲九獻食禮九舉者亦亨大牢以食賓無酒行食禮之時九舉牲體而食畢出入五積者謂在路供賓來去皆五積視飧牽但牽牲布之於道三問者按司儀諸公相爲賓云主國五積三問皆三辭拜受皆旅擯注云閒閻則問行道則勞其禮皆使卿大夫致之若然天子於諸侯之禮亦當使卿大夫問之亦有禮以致之所行三處亦當與三勞同處也三勞者按小行人逆勞於畿按覲禮云至于郊王使人皮弁用璧勞注云郊謂近郊其遠郊勞無文但近郊與畿大小行人勞則遠郊勞亦使大行人也按書傳略說云天子太子年十八授孟侯孟侯者四方諸侯來迎於郊或可遠郊勞使世子爲之是以孝經注亦云世子郊迎郊迎即郊勞也彼雖據夏法周亦然諸侯之禮者餘文云諸侯迎者兼五等而此諸侯惟據畢侯也其禮皆降上公二等又自擯者已下亦皆降殺○注繅藉至降殺○釋曰云繅藉以五采韋衣板者按聘禮記云公侯伯三采朱白倉子男二采朱綠典瑞天子乃五采此諸侯禮而言五采者此注合三采二采而言五非謂得有五采也

云若奠玉則以藉之者按覲禮侯氏入門右奠圭再拜稽首此時奠玉則以藉之若然未奠之時於廟門外上介授時已有繅藉矣云冕服著冕所服之衣也者凡服皆以冠冕表衣故言衣先言冕鄭恐冕服是服此冕故云著冕所服之衣也云九章者自山龍以下七章者自華蟲以下五章者自宗彝以下已具於司服云常旗也者鄭欲見常與旗旗皆揔稱非日月爲常者云斿其屬幓垂者也者爾雅云纁帛縿練旒九正幅爲縿謂旌旗之幅也其下屬旒故云屬縿垂者也云樊纓馬飾也以罽飾之每一處五采備爲一就就成也者此云五采備即巾車注五采罽一也此等諸侯皆用五采罽與繅藉異似繅藉之上絢組亦同五采也云三牲備爲一牢者聘禮致饔餼云牛一羊一豕一爲一牢故知也云朝位謂大門外賓下車及王車出迎所立處也者約聘禮在大門外去門有立位陳介之所云王始立大門內者亦約聘禮聘禮雖後亦不出迎要陳擯介時主君在大門內云交擯三辭乃乘車而迎之者王與諸侯行禮與諸侯待諸侯同按司儀云諸公相爲賓及將幣交擯三辭車迎拜辱玄謂既三辭主君則乘車出大門而迎賓是也必知天子待諸侯敵禮者按下文大國之孤繼小國之君不交擯其他皆眂小國之君則諸侯於天子交擯交擯是敵禮也是以齊僕云朝覲宗遇饗食皆乘金

路其法儀各以其等爲車送逆之節亦是敵禮故鄭此即取之爲證也言王立當軫與者差約小向後爲尊故疑云與也云廟受命祖之廟也者此約覲禮覲在文王廟故覲禮云前朝皆受舍于朝注云受舍受次於文王廟門之外聘禮受朝聘於先君之祧故知王受覲在受命祖廟在文王廟不在武王廟可知是於受命祖廟也云享設盛禮以飲賓也者云盛禮者以其饗有食有酒兼燕與食故云盛禮也問問不恙也者恙憂也問賓得無憂也云皆有禮以幣致之者按聘禮勞以幣覲禮使人以璧璧則兼幣是有幣致之也先鄭云舉舉樂也者按襄二十六年左氏傳云將有刑爲之不舉不舉則徹樂後鄭易之以爲舉舉牲體者但此經食禮九舉與饗禮九獻相連故以食禮九舉爲舉牲體其實舉中可以兼樂以其彼傳亦因舉食而言也先鄭云前疾謂駟馬車轅前胡下垂柱地者謂若輈人輈深四尺七寸軾前曲中是也玄謂三享皆束帛加璧庭實惟國所有者聘禮與覲禮行享皆有庭實鄭又引朝士儀爲證貢國所有也云朝先享不言朝者朝正禮不嫌有等也者按覲禮行朝訖乃行享此經冕服九章以下唯言享不見朝禮故鄭言之云朝正禮不嫌有等者朝屬路門外正君臣尊卑之禮不嫌有九十七十五十步之差等相迎之法故云不嫌有等也既無等故不言之也宗伯攝裸正

與后皆同拜送爵者恭敬之事不可使人代也云不酢之禮聘禮禮賓是與者聘禮禮賓用醴子男雖一祼不酢與聘禮禮賓同子男用鬱鬯不用醴則別約同之故云與以疑之也云九舉舉牲體九飯也者見特牲饋食禮尸食舉尸三飯佐食舉肝尸又三飯舉骼及獸魚公食不云舉文不具也王日一舉亦謂舉牲體故知生人食有舉法故爲九舉舉牲體不爲舉樂也云出入從來訖去也者謂從來時有積訖去亦有積不謂從來訖去共五積若然來去皆五積也知積皆有芻薪米禾者掌客積視飧牽飧有米禾芻薪明在道致積有可知云凡數不同者皆降殺者五等諸侯爲三等者以依命數爲差故也

凡大國之孤執皮帛以繼小國之君出入三積不問壹勞朝位當車前不交擯廟中無相以酒禮之其他皆眡小國之君

此以君命來聘者也孤尊既聘享更自以其贄見執束帛而已豹表之爲飾繼小國之君言次之也朝聘之禮每一國畢乃前不交擯者不使介傳辭交于王之擯親自對擯者也廟中無相介皆入門西上而立不前相禮者聘之介是與以酒禮之酒謂齊酒也和

之不用鬱鬯耳其他謂貳車及介牢禮賓主之間擯者將幣祼酢饗食之數○相息亮反注同李息丈反摯本又作贄音至見賢遍反下文壹見而見之同凡大至之君○釋曰按朝見皆同傳直專反齊才計反【疏】典命上公之國立孤一人侯伯已下則無故云大國之孤也趙商問大行人職曰凡大國之孤執皮帛所尊衆多下云其他眡小國之君。以五爲節今此亦五下云諸侯之卿各下其君二等以下注云公使卿亦七侯伯亦五子男三不審大國孤五而卿七何荅曰卿奉君命七介孤尊更自特見故五介此有聘禮可參之未之思邪反怪此更張擯介又繼小國之君非私覿也然則諸侯之大夫以時接見天子服繐衰於天子或可有私覿結其恩好但無文耳趙商又問大行人職曰孤出入三積此即與小國同宜應視小國之君何須特云三積與例似錯荅曰三積者卿亦然非獨孤也故不在視小國之中與例似錯何所據也然則一勞者亦是卿亦然故須見之若然牢禮卿亦五視小國君五牢同其餘則異按聘禮腥牢無鮮腊醯醢百罋米百筥禾四十車薪芻倍禾按掌客饔餼五牢米八十筥醯醢八十罋米二十車禾三十車薪芻倍禾有此別故在視小國之君中然則孤聘天子既以聘使受禮又自得禮如是孤法再重受禮矣也○注此以至之數○釋曰云此以君命來聘者也者畿外之臣不因聘何以輒來故知因君命來聘者也知孤尊既聘享更自以其贄見執束帛而已者若行正聘則執瑑圭璋八寸以行聘何得執皮帛也但侯伯已下臣來直行公使執圭璋無此更見法以大國孤四命尊故天子別見之也按宗伯云孤執皮帛故云自以其贄見執皮帛而已云豹皮表之爲飾者宗伯注云天子之孤飾摯以虎皮公之孤飾摯以豹皮也云繼小國之君言次之也者謂行禮次在小國君之後云不使介傳辭交於王之擯者則諸侯行交擯者使介傳於王擯傳而下又傳而上是也云親自對擯者也者則聘禮賓來在末介下東面上擯亦至末擯下親相與言者是也云廟中無相介皆入門西上而立不前相禮者聘之介是與者按聘禮賓行聘之時擯者納賓賓入門左介皆入門西左北面西上注云隨賓入也介無事止於此是介入廟門上不相者也云是與者彼諸侯法約同天子禮故云與以疑之也云以酒禮之酒謂齊酒也者按聘禮禮賓用醴齊明此亦用醴齊對文三酒五齊別通而言之齊亦一明酒故云齊酒也云其他謂貳車至之數者此其他中之數一准上子男禮中即孤之所用者也若然子男用鬯裸孤用醴今得入其他中者裸據小國君而言以其孤用醴醴之不酢子男裸亦不酢裸亦不酢同故舉小國君裸而言不謂孤用裸也

凡

諸侯之卿其禮各下其君二等以下及其大夫士皆如之此亦以君命來聘者也所下其君者介與朝禮賓主之間也其餘則自以其爵聘義曰上公七介侯伯五介子男三介是謂使卿之聘之數也朝位則上公七十步侯伯五十步子男三十步與○下戶嫁反注同【疏】注此亦至步與○釋曰云各下其君二等則五等諸侯據上文三等命而言上公以九侯伯以七子男以五卿自各下其君二等若公之卿以七侯伯卿以五子男卿以三也云及其大夫士皆如之者大夫又各自下卿二等士無聘之介數而言如之者士雖無介與步數至於牢禮之等又降殺大夫大行人首云以九儀注云九儀謂命者五爵者四爵者四中有士故於此連言士其於此經介與步數則無士也引聘義者唯卿各下其君二等仍不見大夫下卿二等按聘禮云小聘使大夫其禮如爲介三介彼侯伯之大夫三介則亦三十步若上公大夫五介五十步子男大夫一介一十步可知鄭不言者舉卿則大夫見矣故不言之也邦畿方千里其外方五百里謂之侯服歲壹見其貢祀物又其外方

五百里謂之甸服二歲壹見其貢嬪物又其外方五百里謂之男服三歲壹見其貢器物又其外方五百里謂之采服四歲壹見其貢服物又其外方五百里謂之衞服五歲壹見其貢材物又其外方五百里謂之要服六歲壹見其貢貨物要服蠻服也此六服去王城三千五百里相距方七千里公侯伯子男封焉其朝貢之歲四方各四分趨四時而來或朝春或宗夏或覲秋或遇冬○祀貢者犧牲之屬故書嬪作頻鄭司農云嬪物婦人所爲物也爾雅曰嬪婦也玄謂嬪物絲枲也器物尊彝之屬服物玄纁絺纊也材物八材也貨物龜貝也○嬪婢人反絺勑之反劉豬履反纊音曠徐劉古曠反

【疏】邦畿至貨物○釋曰此一經見九州諸侯依服數來朝天子因朝即有貢物此因朝而貢與大宰九貢及下小行人春入貢者別彼二者是歲之常貢也○注要服至貝也○釋曰云要服蠻

服也者職方云蠻服要蠻義一也鄭計七千里者欲見土廣萬里中國七千里爲九州有此貢法下云九州之外謂之蕃國以其所貴寶爲摯無此貢法也云公侯伯子男封焉者對彼蕃國惟有子男無五等也按馬氏之義六服當面各四分之假令侯服四分之東方朝春南方宗夏西方覲秋北方遇冬南方侯服亦然西方北方皆然甸服已外皆然是以韓侯是北方諸侯而言入覲以其在北方當方分之在西畔故云覲鄭荅志云朝覲四時通稱故覲禮亦云朝若然鄭不與馬同觀此注似用馬氏之義者鄭既不與馬同今所解云四方各四分者謂四方諸侯六服服各四分趨四時而來或朝春據王城東方或宗夏據王城南方或覲秋據王城西方或遇冬據王城北方大宰四曰幣貢此中無幣貢者因朝而貢三享中已有幣故不别貢幣也大宰歲歲常貢此依服數來朝因朝而貢數既有異時又不同故彼此物數不類也玄謂器物尊彝之屬者按大宰云器貢先鄭以爲宗廟之器後鄭易之以爲器貢銀鐵石磬丹漆不從先鄭此云器物後鄭以爲尊彝之屬與彼先鄭同者彼是歲之常貢不合有成器故破之此乃因朝而貢得貢成器故爲尊彝解之知因朝得貢成器者見昭十五年六月大子壽卒秋八月穆后崩十二月晉荀躒如周葬穆后籍談爲介以文伯宴尊以魯壺王責之分

器籍談歸以告叔向叔向曰王其不終乎王一歲而有三年之喪二焉於是乎以喪賓宴又求彝器以此知因朝得貢成器云材物八材也者據大宰云飭化八材也云貨物龜貝也者貨是自然之物故知龜貝謂若禹貢揚州納錫大龜厥篚織貝此注所貢絲枲若青州鹽絺岱畎絲枲荆州厥篚玄纁之類

九州之外謂之蕃國世壹見各以其所貴寶爲摯

九州之外夷服鎮服蕃服也曲禮曰其在東夷北狄西戎南蠻雖大曰子春秋傳曰杞伯也以夷禮故曰子然則九州之外其君皆子男也無朝貢之歲父死子立及嗣王即位乃一來耳各以其所貴寶爲贄則蕃國之君無執玉瑞者是以謂其君爲小賓臣爲小客所貴寶見傳者若犬戎獻白狼白鹿是也其餘則周書王會備焉○見傳上賢遍反下直戀反一音上如字下直專反

疏

注九州至備焉○釋曰云九州之外夷服鎮服蕃服也者此經摠而言之皆曰蕃分爲三服據職方而言也云曲禮曰在東夷北狄西戎南蠻雖大曰子井引春秋者欲見蕃國之内唯有子男無五等也按僖二十七年杞桓公來朝用夷禮故曰子用夷禮猶曰子況本在彼者也按書序武王旣勝殷巢伯來朝注云巢伯南方之國世一見者夷狄得稱伯者彼殷

之諸侯與周異也云父死子立及嗣王即位乃一來耳者此經世中含二父死子立須得受王命故須來新王即位亦須來故明堂位周公朝諸侯于明堂四夷皆在四門之外周公攝位與新王同況成王新即位也云各以其所貴寶爲摯則蕃國之君無執玉瑞者旣以貴寶爲摯何得有别摯乎是以禹會諸侯執玉帛者萬國唯謂中國耳九州爲大賓大客夷狄爲小賓小客按周語穆王初伐犬戎祭公謀父諫不聽遂往征之得四白鹿以歸引之者見是夷狄貴寶此穆王征之而得非自來者亦以此爲贄也云周書王會備焉者王會是書之篇名謂王會諸侯因有獻物多矣故云備也　王

之所以撫邦國諸侯者歲徧存三歲徧覜五歲徧省七歲屬象胥諭言語協辭命九歲屬瞽史諭書名聽聲音十有一歲達瑞節同度量成牢禮同數器脩灋則十有二歲王巡守殷國　撫猶安也存覜省者王使臣於諸侯之禮所謂間問也歲者巡守之明歲以爲始也屬猶聚也自五歲之

後遂閒歲徧省也七歲省而召其象胥九歲省而召其瞽史
皆聚於天子之宮教習之也故書協辭命作叶詞命鄭司農
云象胥譯官也叶當爲汁詞當爲辭書或爲叶辭命玄謂
讀爲諝王制曰五方之民言語不通嗜慾不同達其志通其
慾東方曰寄南方曰象西方曰狄鞮北方曰譯此官正爲象
者周始有越重譯而來獻是因通言語之官爲象胥云謂諝
象之有才知者也辭命六辭之命也瞽樂師也史太史小史
也書名書之字也古曰名聘禮曰百名以上至十一歲又徧
省焉度丈尺也量豆區釜也數器銓衡也法八法也則八則
也達同成脩皆謂齎其法式行至則齊等之也成平也平其
僭踰者也王巡守諸侯會者各以其時之方書曰遂覲東后
是也其殷國則四方四時分來如平時。屬徐劉音章東反
下及注同叶音協詞音辭譯音亦汁之十反叶也又音協諝
思叙反耆市志反欲音欲本多作欲鞮丁兮反重直龍反知
音智以上時掌反　疏　王之至殷國。釋曰此經並是王撫諸
反齎子兮反　侯之事對上經皆是諸侯上撫王室之
事。注撫猶至平時。釋曰云存覜省者王使臣於諸侯之
禮者亦對上諸侯朝王之禮也云所諸間問也者即上文云
間問以諭諸侯之志者也知歲謂從巡守之明歲爲始者以
其巡守已就撫諸侯訖明以後年爲始也云屬猶聚也者州

長職云正月之吉各屬其州之民而讀法故知屬爲聚也云自五歲之後遂閒歲徧省也者但經一歲與三歲五歲云存覜省至七歲九歲十一歲不云省不言者已五歲已言省義可知故直見其事意也是以鄭皆連省而言也云皆聚於天子之宮教習之也者既言屬明聚於天子之宮若不聚于天子之宮焉得諭言語諭書名聽音聲之等乎明是皆聚于天子宮教習之也玄謂胥讀爲諝者欲取諝爲有才智之意也引王制曰五方之民者謂四方與中國言語不通嗜欲不同達其志通其欲故云東方曰寄已下疏已具於序官云辭命六辭之命也者以辭命連言明是大祝六辭之教命也云瞽樂師也史太史小史也者樂師與大史小史並是知天道者故國語云吾非瞽史焉知天道鄭上注瞽即大師是也云書名書之字也古曰名引聘禮記者證古曰名今世曰字云度丈尺也者按律歷志以子穀秬黍中者一黍爲一分九十黍黃鍾之長十分爲寸十寸爲尺十尺爲丈十丈爲引千二百黍爲龠合龠爲合十合爲升十升爲斗十斗爲斛又云百黍爲銖二十四銖爲兩十六兩爲斤三十斤爲鈞四鈞爲石此直云丈尺略言之也云量豆區釜也者據左氏傳晏子云齊舊四量豆區釜鍾四升爲豆各自其四以登于釜釜十則鍾鍾爲六斛四斗云數器銓衡也者即銖兩之等是也云法八

法也則八則也者據大宰云八法治官府八則治都鄙諸侯國有都鄙官府以此法則治之故須脩之云達同成脩皆謂齎其法式者經瑞節度量牢禮數器下至法則等八者皆天子法式之等當豫脩治使輕重大小方圓皆正然後將以齊諸侯器物故云行至則齊等之云平其僭踰者也者若牢禮云侯伯子男卿大夫士依上文及掌客多少皆有常不得僭上故云平其僭踰也云王巡守諸侯會者各以其時之方者謂歲二月東方五月南方之等據春而言故言書曰遂覲東后是也並據虞書及王制而言亦有同度量等事故虞書云脩五禮五玉并協時月正日之等云殷國則四方四時分來如平時者謂分四方各遂春夏秋冬如平時若六服盡來即與平時別也**凡諸侯之王事辨其位正其等協其禮賓而見之**王事以王之事來也詩云莫敢不來王孟子曰諸侯有王。〔疏〕凡諸至見之。釋曰王事謂諸侯朝王之事辨其位謂九十七十五五十步之位正其等謂尊卑之等謂冕服旌旗貳車之類皆有等級協其禮謂牢禮饗燕積膳之禮以此禮賓。敬而見之也。注王事至有王。釋曰引詩孟子皆謂王是朝王之事也**若有大喪則**

相諸侯之禮詔相左右教告之也。相息亮反注同疏注詔相至之也釋曰大喪言若見有非常之禍諸侯謂天子斬其有哭位周旋擗踊進退皆有禮法左右助也須有助而告教之也若有四方之大事則受其幣聽其辭四方之大事謂國有兵寇諸侯來告急者禮動不虛皆有贄幣以崇敬也受之以其事入告王也聘禮曰若有言則以束帛如享禮疏注四方至享禮。釋曰云四方之大事謂國有兵寇者除兵寇之外諸侯當國自爲大事者非天子之急不即告王故知惟兵寇耳引聘禮者彼雖是諸侯自相告告天子亦然故引爲證也彼注云春秋臧孫辰告糴于齊公子遂如楚乞師晉侯使韓穿來言汶陽之田皆是也凡諸侯之邦交歲相問也殷相聘也世相朝也小聘曰問殷中也久無事又於殷朝者及而相聘也父死子立曰世凡君即位大國朝焉小國聘焉此皆所以習禮考義正刑一德以尊天子也必擇有道之國而就脩之鄭司農說殷聘以春秋傳曰孟僖子如齊殷聘是也疏注小聘至是也。釋曰言諸侯邦交謂同方嶽者一往一來爲交謂已是小國朝大國已是大國聘小國若敝國則爾君自相往來故司儀有諸公諸侯皆言相爲賓是也但春秋之世有越往方岳相聘者是以秦使術來聘吳使札來聘時國數少故然非正法也云小聘曰問者聘禮文故彼云小聘曰問不享是也大聘使卿小聘使大夫也云殷中也久無事又於殷朝者及而相聘也者聘義王制皆云三年一大聘此不言三年而云殷者欲見中間久無事及殷朝者來及亦相聘故云殷不云三年也若然聘義與王制皆云比年一小聘此云歲相問不云比年者取歲歲之義也世相朝者謂父死子立曰世是繼世之義也云凡君即位大國朝焉小國聘焉者左氏傳文按文元年公孫敖如齊傳曰凡君即位卿出並聘謂已卿往聘他卿來聘者已是摠語也云大國朝焉已是小國已往朝大國小國聘焉者已是大國使聘小國云此皆所以習禮考義正刑一德以尊天子也者禮記文云必擇有道之國而就脩之者謂差擇有道之國亦先從近始故云親仁善鄰國之寳也是也先鄭說殷聘以春秋傳者按左氏昭公九年傳曰孟僖子如齊殷聘禮也按服彼注云殷中也自襄二十年叔老聘於齊至今積二十一年聘齊故中復盛聘與此中年數不相當引之者年雖差遠用禮則同故引爲證也

小行人掌邦國賓客之禮籍以待四方之使者禮籍名位尊卑之書使者諸侯之臣使來者也○使色吏反注同後使者使適使之四方竹使使臣皆同〔疏〕注禮籍至者也○釋曰大行人待諸侯身小行人待諸侯之使者其邦之禮籍則諸侯及臣皆在焉云禮籍名位尊卑之書者名位尊卑以解禮也之書以解籍也云使者諸侯之臣使來者也者即時聘殷覜是也令諸侯春入貢秋獻功王親受之各以其國之籍禮之貢六服所貢也功考績之功也秋獻之若今計文書斷於九月其舊法〔疏〕注貢六至舊法○釋曰此云貢即大宰九貢是歲之常貢也必使春入者其所貢之物並諸侯之國出稅於民民稅既得乃大國貢半次國三之一小國四之一皆市取美物必經冬至春乃可入王以是令春入之也秋獻功者物皆秋成諸侯亦法秋故秋獻之云各以其國之籍禮之者即上所掌禮籍尊卑多少不同故云各以其籍也云六服所貢對九州外之三服無此貢也凡諸侯入王則逆勞于畿鄭司農云入王朝於王也故春秋傳曰宋公不王又曰諸侯有王王有巡

守〔疏〕注鄭司至巡守○釋曰隱九年宋公不王不宗覲于王鄭伯爲王左卿士以王命討之伐宋也莊二十三年夏公如齊觀社非禮曹劌諫曰不可諸侯有王注云有王朝於王王有巡守非是君不舉矣是也

及郊勞眡館將幣爲承而擯 眡館致館也承猶丞也王使勞賓於郊致館於賓至將幣使宗伯爲上擯皆爲之

〔疏〕及至而擯○釋曰此經三事皆爲丞而擯之
丞而擯之○注眡至擯之○釋曰云眡館致館也者聘禮及下司儀皆云致館故同之也云眡者使卿大夫往眡觀其可否云致者致使有之云王使勞賓於郊者謂王使大行人勞於郊也至將幣者謂至廟將幣三享云使宗伯爲上擯者惟謂將幣時大宗伯爲上擯於郊勞及眡館二者不使大宗伯爲上擯者以其使者或大行人官卑何得使大宗伯爲擯也當別遣餘官爲上擯小行人爲承擯而言宗伯爲上擯者取宗伯成文爲將幣而言也

凡四方之使者大客則擯小客則受其幣而聽其辭 擯者擯而見之王使得親言也受其幣者受之以入告其所爲來之事○爲去聲

〔疏〕凡四至其辭○釋曰云凡四方之使者此文與下爲目則於大小客而言也大客則擯者大客則大行人云大

客之儀一也彼鄭云大賓要服以內諸侯大客謂其孤卿則此大客爲要服以內諸侯之使臣也小客謂蕃國諸侯之使臣也○注擯者至之事○釋曰云擯者擯而見之王使得親言也者則時聘殷覜之時行旅擯入見王王與使之親言也云受其幣者受之以入告其所爲來之事者蕃國諸侯雖子男皆是中國之人鄭義此皆在朝之卿大夫有過放之於四夷爲諸侯卿爲子大夫爲男是以世一見來時王親見之蕃國之使臣本是夷人不能行禮故直聽其辭而已

使適四方協九儀賓客之禮朝覲宗遇會同君之禮也存覜省聘問臣之禮也適之也協合也〔疏〕使適至禮也○釋曰自此已下至之禮皆是小行人使適四方之事此言使適四方與下爲目使適四方向諸侯之國所至之國則合九等之儀九儀則上大行人九儀命者五爵者四是也云賓客之禮者賓據命者五客據爵者四此稱賓客之例非通稱也云朝覲宗遇會同君之禮也者此即諸侯之賓故云君之禮也云存覜省聘問臣之禮也者存覜省三者天子使臣撫邦國之禮聘問二者是諸侯使臣行聘時聘殷覜問天子之禮其禮已備於上小行人略言之也

達天下

之六節山國用虎節土國用人節澤國用龍節皆以金爲之道路用旌節門關用符節都鄙用管節皆以竹爲之此謂邦國之節也達之者使之四方亦皆齎法式以齊等之也諸侯使臣行覜聘則以金節授之以爲行道之信也虎人龍者自其國象也道路謂鄉遂大夫也都鄙者公之子弟及卿大夫之采地之吏也凡邦國之民遠出至他邦他邦之民若來入由國門者門人爲之節由關者關人爲之節其以徵令及家徙鄉遂大夫及采地吏爲之節皆使人執節將之以達之亦有期以反節管節如今之竹使符也其有商者通之以符節如門關門關者與市聯事節可同也亦所以異於畿內也凡節有天子法式存於國

疏「達天」至「爲之」○釋曰此經亦是適四方之事言達天下之六節者據諸侯國而言掌節所云據畿內也虎節人節龍節三者據諸侯使臣出聘所執旌節符節管節三者據在國所用○注「此謂」至「於國」○釋曰云此謂邦國之節也者對掌節所掌者兼主王國之節也云達之者使之四方亦皆齎法式以齊等之也者亦如上大行人達瑞節之等使齎法式往就齊之云諸侯使臣

行覜聘則以金節授之者知是使臣行所執者見掌節云凡邦國之使節山國用虎節故知此亦使臣所執也諸侯身行不須節以其尊著故不須也按掌節云守邦國者用王節注云謂諸侯於其國中王節之制如圭○爲之以命數爲大小此不達玉節者文略耳亦達可知云道路謂鄉遂大夫也者按掌節注變鄉遂言道路者容公邑大夫及小都大都之吏今此旌節中何知不亦容都鄙之吏而以都鄙吏在管節中者彼都鄙用角節文在上當直是都鄙之主此都鄙用管節最在下明都鄙吏在其中若然邦國之中都鄙主及吏同用管節矣知公之子孫亦有采地者見禮運云諸侯有國以處其子孫故知亦如王之子弟以親疏食采也云凡邦國之民遠出至他邦他邦之民若來入由國門者門人爲之節山關者關人爲之節者司關云掌國貨之節以聯門市故知所由之處皆得授之節也云其以徵令及家徒鄉遂大夫及采地吏爲之節者以其皆主民故授民節也云皆使人執節將之以達之者比長云邦之民徙於郊則從而授之明皆將送使達前所也云管節如今之竹使符也者漢文本紀文帝六○年九月初與郡國守相爲銅虎符竹使符應劭曰竹使符皆以竹箭五枚長五寸鐫刻篆書第一至第五是也云其有商者通之以符節如門關門闔者與市聯事節可同也者掌節云貨

晌用璽節門關用符節各別司關既言掌國貨之節以聯門市門市節既相聯此中無貨賄用璽節明同用符節可知故爲此解也云亦所以異於畿内也者畿内貨賄用璽節門關用符節畿外同用符節是異也云凡節有天子法式存於國者雖無正文以意量王者皆須度量於天下其節瑞之等皆是法式故知國國皆有瑞節法式也　成六瑞王用瑱圭公用桓圭侯用信圭伯用躬圭子用穀璧男用蒲璧　成平也瑞信也皆朝見所執以爲信○瑱劉吐電反按王執鎮圭瑱宜作鎮音　（疏）成六至蒲璧○釋曰此亦通四方若然諸侯國無鎮圭因言之六瑞玉人所造典瑞之令小行人直平知得失而已不言達六瑞者諸侯受命巳得之不令別作法式以齊故不言達也　合六幣圭以馬璋以皮璧以帛琮以錦琥以繡璜以黼此六物者以和諸侯之好故　合同也六幣所以享也五等諸侯享天子用璧享后用琮其大各如其瑞皆有庭實以馬若皮皮虎豹皮也用圭璋者二王之後也二王後尊故享用圭璋而特之禮器

曰圭璋特義亦通於此其於諸侯亦用璧琮耳子男於諸侯
則享用琥璜下其瑞也凡二王後諸侯相享之玉大小各降
其瑞一等及使卿大夫覜聘亦如之○琮才宗反琥音虎璜音黃好呼報反

疏

合六至好故○釋曰此亦小行人至諸侯之國也此六者之中有圭以馬璋以皮二者本非
幣云六幣者二者雖非幣帛以用之當幣處故揔號爲幣也
此六言合以兩兩相配配合之義故言合也○注合同至如
之○釋曰云合同者配合即是和同故也云六幣所以享也
者對上文六者是朝時所用也云五等之諸侯享天子用璧
享后用琮其大各如其瑞玉人云璧琮九寸諸侯以享天子
注云享獻也聘禮享君以璧享夫人以琮引此者欲明君用
琮故覲禮享天子云束帛加璧是其施于天子也不言享后
文不具言九寸據上公而言明侯伯子男皆如瑞知子男享
天子亦用璧琮者覲禮揔稱侯氏用璧明五等同也云皆有
庭實以馬若皮者按覲禮三享皆束帛加璧庭實惟國所有
奉束帛匹馬卓上九馬隨之中庭西上是其以馬也聘禮奉
束帛加璧享庭實皮則攝之是其用皮也聘禮記曰皮馬相
間可是也知皮虎豹皮者郊特牲云虎豹之皮示服猛也
是享時所用故知也用圭璋者二王之後也二王後尊故享
用圭璋而特之者按玉人璧琮九寸諸侯以享天子言九寸

則上公之禮上公用璧琮則圭璋是二王後明矣言而特之者惟有皮馬無束帛可加故云特如是皮馬不上堂陳於庭則皮馬之外別有庭實可知其於諸侯亦用璧琮知者見玉人職云瑑琮八寸諸侯以享夫人明享君用璧琮八寸是下享天子一寸如是明二王後相享不可同於天子用圭璋則用璧琮可知言是兩公自相朝二王後稱公是於諸侯還同二王後可知引禮器者彼圭璋者據朝聘時所行無束帛可知是圭璋特之義也云亦通於此者彼朝聘之圭特亦通此享用圭璋故云亦通於此也云子男於諸侯享用琥璜下其瑞也者覲禮子男已入侯氏用璧琮中則此琥璜不知何用二王後自相享退入璧琮一則子男自相享退用琥璜可知且子男朝時用璧自相享降一等故用琥璜云凡二王後諸侯相享之玉大小各降其瑞一等者玉人云瑑琮八寸諸侯以享夫人禮重無用八寸之法明是上公九寸降一等至八寸上公既降一寸則侯伯子男各降一等可知二王後相朝一敵無用相尊之法明亦降一寸見子男者雖退入琥璜亦降一寸可知若然知五等諸侯自相朝圭璋亦如其命數其相享璧琮等則降一寸知者玉人云璧琮八寸諸侯以享夫人據上公會不云圭璋朝所執者明圭璋自朝天子所執故聘禮云所以朝天子圭與繅皆九寸上公之玉也問諸侯朱綠繅

八寸注云於天子曰朝於諸侯曰問記之於聘文互相備以此上公爲然侯伯子男可知也云及使卿大夫覜聘亦如之直言覜聘亦如之不分別享與聘則聘享皆降一等同故玉人云緣圭璋八寸璧琮八寸以覜聘此據上公之臣圭璋璧琮皆降一等其餘侯伯子男降一寸明矣其子男之臣享諸侯不得過君用琥璜可知

若國札喪則令賻補之若國凶荒則令賙委之若國師役則令槁禬之若國有福事則令慶賀之若國有禍烖則令哀弔之凡此五物者治其事故

故書賻作傳。槁爲稾鄭司農云賻補之謂賻喪家補助其不足也若今時一室二尸則官與之棺也稾當爲槁謂槁。師也玄謂師役者國有兵寇以匱病者也使鄰國合會財貨以與之春秋定五年夏歸粟於蔡是也宗伯職曰以禬禮哀圍敗禍烖水火○槁苦報反禬音會稾古老反（疏）若國至事故○釋曰此一經據上下文皆據諸侯國此文雖皆單言國亦據諸侯而言按宗伯云以喪禮哀死亡此云國札喪則令賻補之不同者彼據弔葬致哀此據設財物補其不足相包乃具也又此國凶荒則令賙委之宗伯云以荒禮哀凶札不同者言哀凶札者自貶損故曲禮云歲凶年穀不登君膳不祭肺之類是也此云賙委者令他人以財賙委之亦相包乃成也宗伯嘉禮歸脤膰此不見者諸侯無自相歸脤膰法故也但凶禮有五惟不見恤禮以義差之當於師役中兼之嘉禮有六此惟言賀慶一者其飲食冠昏賓射饗燕之法皆當國自行非是相交通之物故此不言之其吉禮牢。禮賓禮並不言者天子頒之非所以通行之事故不言也但此中札喪在喪禮中宗伯荒札荒禮中者欲見札而復荒則與荒札同科若札而不荒自從喪禮也注春秋定五年夏歸粟於蔡者按定四年秋楚人圍蔡故五年歸其粟

及其萬民之利害爲一書其禮俗政事教治刑禁之逆順爲一書其悖逆暴亂作慝猶犯令者爲一書其札喪凶荒厄貧爲一書其康樂和親安平爲一書凡此。物者每國辨異之以反命于王以周知天下

之故慝惡也猶圖也○治直吏反樂音洛 疏 及其至之故○釋曰此摠陳小行人使適四方所採風俗善惡之事各各條錄别爲一書以報上也此五者上二條條别善惡俱有故利害逆順並言其悖逆一條專陳姦宼之事其札喪一條專陳凶禍之事其康樂一條專陳安泰之事是方以類聚物以羣分者也

附釋音周禮注疏卷第三十七

江西盧氏宣旬栞定

大清嘉慶二十[illegible][illegible] 用宋[illegible][illegible]藏本校

知南昌府張敦仁署鄱陽縣候補知州周澍栞

周禮注疏卷三十七校勘記

阮元撰盧宣旬摘錄

附釋音周禮注疏卷第三十七

條狼氏

若今卒辟車之爲也　大字本今下有時

師樂也　毛本作師樂師也此本誤

僕右兩乘校軍旅時　蒲鏜云據誤校

脩閭氏

則命各遣守閭閭　[illegible]門惠校本作閭里此誤

不幾詞也　閩監本同誤也當從毛本作幾訶

冥氏

天尊於地神　按天下當脫神

庶氏

掌除毒蠱　諸本同唐石經蝕葉鈔釋文作毒蠱音古按下穴氏掌攻蟄獸翨氏掌攻猛鳥則此經作庶氏掌攻毒蠱也故注云毒蠱蟲物而病害人者下引漢律作蠱以說其義因并改經注蠱字皆作蟲矣○按此蟲字乃蠱之誤不當緣誤立說

嘉草攻之　諸本同唐石經缺釋文作嘉艸云音草本亦作草據此知經中草本皆本作艸也

毒蠱蟲物而病害人者　錢鈔本嘉靖本毛本同閩監本蠱作毒誤大字本作蟲物而能病害人者也今本蓋脫二字

讀如潰癰之潰　閩監毛本作潰癰之潰嘉靖本癰作癕此作癰譌此頁係補刻故多舛誤不足據

凡敺蠱　閩監毛本同唐石經敺作毆惠挍本作毆嘉靖本作敺譌○按敺者古文驅見說文馬部毆敺皆非其義

也於攴部求毆不得乃以殳部之毆字當之自唐石經已誤
矣

翨氏

以鴟鴞置於羅網之下 閩監毛本下作中

柞氏

令刊陽木而火之 唐石經諸本同嘉靖本而誤以

正欲種田生穀 惠校本正作止

分穀之時 閩本同監毛本分作生

薙氏

夏日至而夷之 漢讀考作雉之注同云司農從夷鄭君從雉月令燒雉行水注引夏日至而雉之爲證其
明驗也禮記正義引皇氏曰夷音雉是皇侃時字雖誤而音
不誤勝於陸德明矣

故書萌作薨閩監本同誤也大字本錢鈔本嘉靖本毛本薨作甍釋文甍音萌當據以訂正下同

謂耕反其萌牙大字本嘉靖本閩監毛本同錢鈔本牙作芽閩監毛本疏中同此本疏並作牙惠挍本同

以鉤鎌迫地芟之也嘉靖本鎌作鐮此從兼誤釋文鉤鐮音廉

以耜測凍土剗之大字本岳本嘉靖本同錢鈔本閩監毛本測誤側疏中同當據正監本土誤上

○按以畟畟良耜傳箋證之作測爲是疏作側非也

硩蔟氏

正月爲叅惠挍本作陬此誤

十二月爲除閩監毛本除作涂

翦氏

掌除蠹物釋文唐石經宋本嘉靖本蠹皆作蠧此上從士訛

蟲魚亦是也大字本嘉靖本同此本疏中引注亦作虫魚宋本閩監毛本作蠹魚誤

故書蠹爲橐釋文爲橐劉古毛反本或作槖他各反○按作橐者是音形俱相近也

翦氏至除蠹物浦鏜云主誤至

赤犮氏此本犮誤文

除蟲豸藏逃其中者閩監毛本同逃俗字大字本錢鈔本嘉靖本逃作逃當據正

蟈氏

被之水上大字本之作水按疑作被水上大字本今本各衍一字

壺涿氏

讀炮爲苞有苦葉之苞漢讀考云此炮當作泡

元謂燔之炮之炮 按炮之下當更有之字毛氏居正岳氏珂所據本並然

以象牙從棹貫之 此本下四字實闕今據閩監毛本補棹當橫字之誤

庭氏

與救月之矢射之 閩監毛本同誤也唐石經大字本錢鈔本考文提要云宋本九經宋纂圖互注本宋附釋音本余仁仲本皆作夜射之

上文注鴟鴞已解也 閩本同監毛本鴞改鵬

救日用枉矢 大字本用作以當據正

見宋大廟有聲非鳥獸之聲 此本下複衍者見宋大廟有聲非鳥獸之聲十二字閩監毛本不衍

銜枚氏

窾踋讓者大字本錢鈔本嘉靖本毛本作踋讙釋文讙者呼九反此本讙誤讓閩監本改攘則其誤不可考矣

禁嘂呼歎鳴於國中者唐石經錢鈔本毛本同大字本岳本嘂作嘂從丩與說文合是也嘉靖本歎作嘆閩監本鳴誤嗚注及疏同

伊耆氏

咸讀爲函九經古義云古咸函通毛詩巧言曰僭始既涵韓詩作既減司馬相如封禪文上咸五漢書天文志閒可椷蘇林曰椷音函咸一作函徐廣曰

今時亦命之爲王杖監本王誤主盧文弨曰續漢禮儀志作玉杖按玉字是也禮儀志養老條王杖名之曰王者所賜也○按玉字恐訛漢制考亦作王中三老冠進賢扶玉杖卽此也作王杖不辭杖飾以鳩鳩以玉爲之故曰玉杖說文曰𨂁杖耑角也是凡杖以角飾之王之齒杖以玉飾之

大行人

此大賓大客尊卑異 惠挍本閩本同監毛本此改若

男服云歲一見 蒲鏜云三誤云

親以禮見之 大字本親上有王按上注云此六事者以王見諸侯為文又此二事者亦以王見諸侯之臣使來者為文故此云王親以禮見之此王字當有賈疏引注亦無之

此聘事為有事若王無事則不來也 惠挍本作來為有事此誤又此本本作若無事王字係剜擠閩監毛本排勻則衍文不可考矣

交或往或來者也 賈疏本及諸本同嘉靖本作或來或往誤倒文先言往者見往來循環之不已故不先言來後言往

亦得歸胙於王 閩監毛本胙作胙下同

以禬禮哀國敗　浦鏜云圍誤國　孫志祖云馬融本作國敗賈疏據馬本引之

彼宗伯凶禮有三　浦鏜云五誤三

立當前疾　唐石經諸本同說文軓車軾前也从車凡聲周禮曰立當前軓漢讀考云前軓者前乎軓也亦以在軓衡之中爲節蓋故書作侯杜衛賈容有不得其說易爲軓者而許從之禮說云侯伯立當前侯俗本誤爲前疾論語鄉黨邢昺疏引周禮作前侯云侯伯立當前侯胡下詩蓼蕭孔疏引大行人亦作前侯蓋說文疾作疾古文疾作厎相似易亂故譌○按此二疏疾字近日刻本乃改爲疾自謂依周禮也凡古書之不容輕改如此

以五采韋衣板　釋文作衣版惠挍本宋本疏亦作版

常旌旃也　閩監毛本同誤也大字本岳本嘉靖本旃作旗賈疏引注同當據正

車軹軹也　漢讀考云當云車軹轊也乃合大馭注軹謂兩轊也少儀注軌與軹於事同謂轊頭也皆以此軹別於考工記參分軗圍去一以爲軹圍之軹大行人之軹故書當亦作斬

謂駟馬車轅前胡下垂拄地者 錢鈔本閩監本同大字本嘉靖本毛本拄作柱釋文
出柱地二字當據以訂正疏同○按柱正拄俗

朝士儀曰奉國地所出重物而獻之明臣職也 宋本無重孫志祖云
此二語見大戴禮朝事篇士疑當作事盧文弨曰士亦與
事通

不酢主也 閩監毛本同誤也大字本岳本嘉靖本主作王當據正

亦應偏駕不來 惠挍本不作而此誤

似纏藉之上 閩監毛本似作以此誤

朝屬路門外 惠挍本屬作在

正與后皆同拜送爵者 浦鏜云王誤正

云九鼎與牲體九飯也者 惠挍本牲作幹

執束帛而已　賈疏本作皮帛

豹表之爲飾　補毛本豹下有皮字疏亦作豹皮此誤

其他眡小國之君　惠挍本此下有小國之君四字

故云自以其贄見執皮帛而已　閩監毛本依注改束帛皮帛故上云若行正聘則執瑑圭璋八寸以行聘何得執皮帛也此又引宗伯孤執皮帛以證之非賈疏本鄭注是作皮

趨四時而來　錢鈔本趨作趍

父死子立　大字本上有以賈疏本以下皆無按有者是

各以其所貫寶爲贄　閩監毛本同大字本錢鈔本嘉靖本贄作摯與經同按賈疏引注字亦從手

三歲徧覜　唐石經諸本同閩監本覜誤頫

七歲屬象胥 釋文唐石經錢鈔本屬作屬○按唐人作此字少一筆見五經文字

恊辭命 閩監本同唐石經大字本嘉靖本毛本恊作協注同按從十者義長

故書恊辭命作叶詞命 諸本同漢讀考叶改汁按釋文亦作叶又春官大史注云故書協作叶與此注相應盧文弨曰大戴禮作叶辭介

叶當爲汁 諸本同按汁當協之誤大史注杜子春云叶協也司農改叶爲協猶杜氏訓叶爲協也釋文叶音協正本此

書或爲叶辭命 諸本同按叶當作汁大史注云書亦或爲汁是也

嗜慾不同 嘉靖本作耆欲下通其慾仍下加心釋文作耆慾云音慾本多作欲

是因通言語之官爲象胥云 大字本因下有名按疑當作是因通名言語之官爲象云通字胥字皆衍文

諝謂象之有才知者也　大字本無知按釋文知字無音蓋有才智之意後人因於注中增知也○按大字本非是說文曰諝知也天官注曰胥讀爲諝謂其有才知爲什長

書名書之字也　諸本同或據誤本賈疏改之爲文非

皆謂齎其法式者　毛本同閩監本齎作齊

各遂春夏秋冬如平時　浦鏜云遂疑逐字誤

賓而見之　釋文賓而劉云應言擯小行人職同

孟子曰諸侯有王　六經正誤云孟子無此小行人注引春秋傳諸侯有王王有巡守是也傳寫誤作孟子按此見左氏傳莊二十三年

以此禮賓敬而見之也　惠按本禮下有等

則相諸侯之禮　閩監本同誤也唐石經大字本錢鈔本嘉靖本毛本則下有詔此脫當補正石經考文提

要云按鄭注詔相左右教告之也宋本九經宋纂圖互注本宋附釋音本余仁仲本皆作則詔相諸侯之禮

諸侯謂天子斬其有哭位閩監毛本謂作爲此本子斬其三字剜擠文當有誤

孟僖子如齊殷聘是也閩監毛本同大字本嘉靖本作禮也與左氏昭九年傳文同當據以訂正

至今積二十一年聘齊浦鏜云一衍字

六行八

云禮籍名位尊卑之書者惠挍本下有鈌文七字

眡館致館也按眡當作視

聘問二者是諸使臣行聘毛本作諸侯使臣此誤

如玉爲之浦鏜云王誤玉

文帝六年九月 浦鏜云二誤六

王用瑱圭 釋文瑱劉吐電反案王執鎮圭瑱宜作鎮音按天鎮此作瑱者從故書也 府凡國之玉鎮注故書鎮作瑱鄭司農云瑱讀爲

子用穀璧 大字本穀作榖俗字唐石經嘉靖本作穀辟下同

明侯伯子男皆如瑞 浦鏜云瑞下脫可知二字從儀禮經傳通解按○按此不必增通解以意增耳

匹馬卓上 毛本卓誤阜

則侯伯子男各降一等可知 惠挍本則作明此誤

則聘享皆降一等同 惠挍本等作寸○按作寸是也

則令槁禬之 釋文唐石經皆作槁禬諸本同

故書賻作傳稿爲槀 閩監本同大字本錢鈔本嘉靖本傳本槀作槀下同釋文稿禬苦報反作槀古老反宋本錢鈔本毛本載音義槀槀皆作槀與地官序官石經正合葢故書作槀字從禾鄭司農讀爲槁字從木此注犒字皆當作槁方經注相應有唐石經先後可據○按釋文槁禬苦報反作槀古老反本自明白之甚禾槀字切古老與枯槁字切苦浩槁勞字切苦報迥不同也學者不知音紐分別乃如治絲而棼矣此經故書作禾槀字鄭本作槁禬从木槁卽槀也

槀當爲槁謂槁師也 岳本閩監本稿作槁大字本錢鈔本注同嘉靖本作藁當爲犒謂犒師也兩犒字牛旁皆刻改葢本作槁也○按槁本上聲槁勞則讀去聲猶勞本平聲勞來則讀去聲也淺人乃別製犒字鄭注無此從牛之犒

其吉禮牢禮賓禮並不言者 浦鏜云軍誤牢

凡此物者每國辨異之 閩監本同誤也唐石經大字本錢鈔本嘉靖本毛本物上有五此脫當據

以補正盧文弨曰大戴禮記作凡此五物者嘉靖本辦誤辦

○按辨辦本無二字但有從刀之字

周禮注疏卷三十七挍勘記終

南昌袁泰開挍

附釋音周禮注疏卷第三十八

鄭氏注　賈公彥疏

司儀掌九儀之賓客擯相之禮以詔儀容辭令揖讓之節出接賓曰擯入贊禮曰相以詔者以禮告王。相息亮反此職內經注除相爲賓相朝相授相親相隨相待相爲國客相聘相禮皆同〔疏〕司儀至之節。釋曰此經摠與下諸侯文爲目言九儀是大行人九儀命者五爵者四是儀容辭令揖讓之節並見下文也。注出接至告王。釋曰云出接賓曰擯者即下文交擯而在門外是也云入贊禮曰相者下文及廟推上相入是也云詔者以禮告王者即下云詔王儀是也將合諸侯則令爲壇三成宮旁一門合諸侯謂有事而會也爲壇于國外以命事宮謂壝土以爲牆處所謂爲壇壝宮也天子春帥諸侯拜日於東郊則爲壇於國東夏禮日於南郊則爲壇於國南秋禮山川丘陵於西郊則爲壇於國西冬禮月四瀆於北郊則爲壇於國北既拜禮而還加方明於壇上而祀焉所以教尊尊也覲禮曰諸侯覲於天子爲宫方三百步四門壇十有二尋深四尺是也王巡守殷國而同則其爲宫亦如此與鄭司農云三成三重也爾雅曰丘一成爲敦丘再成爲陶丘三成爲昆侖。丘謂三重也。壝惟癸反劉欲鬼反與音餘下尺與同重直龍反下三重重耳同敦音頓沇又都門反陶徒刀反侖力門反〔疏〕將合至一門。釋曰云將合諸侯者合會也謂時見曰會云則令爲壇三成者謂封人爲壇三成。注合諸至三重。釋曰云有事而會也者春秋左氏傳文但春秋時有事會不協而盟是霸者法引之者時雖不同爲有事而行會禮則同故引以爲證云爲壇于國外以命事者宫方三百步明在國外也言命事則上大行人云時會以發四方之禁禁即九伐是其事也云宫謂壝土以爲牆處所謂爲壇壝宫也者所謂掌舍但掘地爲塹壝土爲埒當牆處故云牆處也云天子春帥諸侯自此已下至國北皆覲禮文其爲壇之語鄭加之耳云既拜禮而還加方明於壇上而祀焉所以教尊尊也者言教尊尊者天子親自拜日禮月之等是尊尊之法教諸侯已下尊敬在上者也引覲禮者是見爲壇大小尺寸之法據時會諸侯爲壇之法云王巡守殷國者謂巡守就方岳爲壇殷國就王國左右爲壇皆如時會云如此與者約同之故云與以疑之先鄭引爾雅者見三成者三

重重高一尺

詔王儀南鄉見諸侯土揖庶姓時揖異姓天揖同姓謂王既祀方明諸侯上介皆奉其君之旂置于宮乃詔王升壇諸侯皆就其旂而立諸公中階之前北面東上諸侯東階之東西面北上諸伯西階之西東面北上諸子門東北面東上諸男門西北面東上王揖之者定其位也庶姓無親者也土揖推手小下之也異姓昏姻也時揖平推手也衞將軍文子曰獨居思仁公善言義其聞詩也一日三復白圭之玷是南宮縚之行也夫子信其仁以爲異姓謂妻之也天揖推手小舉之○復音服或芳服反玷丁簟反沈都念反縚吐刀反行下孟反〔疏〕詔王至同姓○釋曰詔告也謂諸侯各就位立王在壇亦立司儀乃告王降壇南向見諸侯乃揖之土揖庶姓已下先疏後親爲次按隱十一年滕侯薛侯來朝爭長云周之宗盟異姓爲後是先同姓今此先庶姓後同姓者此經直據揖之儀容從下至高不據盟之先後也○注謂王至舉之○釋曰云謂王既祀方明諸侯上介皆奉其君之旂置于宮乃詔王升壇諸侯皆就其旂而立者按覲禮云諸侯覲于天子爲宮方三百步四門壇十有二尋深四尺加方明于其上明者木也方四尺設六色東方青南方赤西方白北方黑上玄下黃

設六玉上圭下璧南方璋西方琥北方璜東方圭上介各奉
其君之旂置于宮尙左公侯伯子男皆就其旂而立四傳擯
天子乘龍載大旂象日月升龍降龍出拜日於東門之外反
祀方明注引朝事儀曰天子冕而執鎭圭尺有二寸繅藉尺
有二寸搢大圭乘大路建大常十有二旒樊纓十有二就貳
車十有二乘帥諸侯而朝日於東郊所以教尊尊也退而朝
諸侯由此二者言之已祀方明乃以會同之禮見諸侯也若
然覲禮上介奉君之旂置于宮尙左及公侯伯子男就其旂
而立并四傳擯者並陳設其位其立當在祀方明後是以彼
下文乃始云拜日之禮反祀方明之事故彼置旂于宮之下
注云置于宮者建之豫爲其君見王之位也是其未即立也
此鄭注依次第而言故云謂王既祀方明諸侯上介皆奉其
君之旂置于宮乃詔王升壇諸侯皆就其旂而立也云諸公
中階之前至諸男門西北面東上皆明堂位周公朝諸侯之
禮覲禮注亦引之證五等諸侯立位處所也皆以近王爲上
云王揖之者定其位也者此約燕禮云卿大夫皆入門右北
面立公降階揖之卿得揖東廂西面大夫得揖中庭少進北
面其位乃定此王揖亦得揖乃定有少別者彼諸侯揖臣臣
皆北面得揖就位此五等立已在位王揖之逡巡而已位乃
定是其別也凡揖皆推手至於撎即引手爲異也衞將軍文

子者此大戴禮文引之證有異姓之事也按大戴禮云衞將軍文子問子貢曰蓋受教者七十有餘人聞之孰爲賢子貢對之歷陳諸子行遂陳南宫縚之行此乃子貢之辭而云衞將軍文子曰者此實子貢辭篇名衞將軍文子故引篇名耳

及其擯之各以其禮公於上等侯伯於中等子男於下等謂執玉而前見於王也擯之各以其禮者謂擯公者五人侯伯四人子男三人也上等中等下等者謂所奠玉處也壇三成深四尺則一等一尺也壇十有二尋方九十六尺則堂上二丈四尺每等丈二尺與諸侯各於其等奠玉降拜升成拜明臣禮也既乃升堂授王玉○見賢遍反〔疏〕及其至下等○釋曰此即上四傳擯之時也四傳擯彼注云公也侯也伯也各一位子男俠門而俱東上亦一位是子男共爲位故共一擯也○注謂執至王玉○釋曰下云將幣據三享故知此文擯之據執玉見王也云擯之各以其禮者謂擯公者五人侯伯四人子男三人也者大行人云公擯者五人已下此云擯之各以其禮是據擯爲數不據餘禮也云上等中等下等者謂所奠玉處也者上云爲壇三成此言三等明據三等壇奠玉處而言也云壇三成者據上文云深四尺者覲禮文云則一等一尺已下

鄭君以意解之無正文一等爲一尺發地一尺上有三成爲三尺摠四尺也鄭注覲禮云從上向下爲深故云深四尺云壇十有二尋者覲禮文云方九十六尺者尋八尺計之所得九十六尺云則堂上二丈四尺每等丈二尺與者並鄭以意解之故云與以疑之上二丈四尺爲堂王立之處并祀方明之所云諸侯各於其等奠玉降拜升成拜明臣禮也者公奠玉於上等降拜於中等侯伯奠玉於中等降拜於下等子男奠玉於下等降拜於地及升成拜皆於奠玉之處必知有降拜升成拜者亦約燕禮臣得君酬酒皆降拜君使小臣辭之乃升成拜明此王禮亦然言成拜者鄉於下拜之時王使人辭下拜之不成故於升乃更成前拜故云成拜是敬上之禮故云明臣禮也云既乃升堂授王玉者禮法禮敵並授禮不敵者訝受此行臣禮則諸侯皆北面授之於堂上也王既受玉約聘禮亦當側授宰玉此壇上無坫不得取明堂位崇坫亢圭爲義也

其將幣亦如之其禮亦如之將幣享也禮謂以鬱鬯祼之也皆於其等之上【疏】其將至如之○釋曰云將幣者即將幣三享一也但彼大行人據在廟此據在壇云亦如之者璧以帛琮以錦如前公於上等之類云其禮亦如之者即大行人上公再祼而酢亦如公於上等之類也

王

燕則諸侯毛 謂以須髮坐也朝事尊尊上爵燕則親親上齒鄭司農云謂老者在上也老者二毛故曰毛○侯毛毛謂須髮也劉本作髦音毛 疏 注謂以須髮坐也至老者二毛故曰毛○釋曰此燕則公三燕侯伯再燕子男一燕云朝事尊尊上爵者依爵尊卑爲先後云燕則親親上齒者此乃不問爵之尊卑取以年齒爲先後也

凡諸公相爲賓 謂相朝也 疏 注謂相朝也○釋曰云相朝則是兩公自相朝故下經云諸侯諸伯諸子諸男相爲賓客以禮相待並是兩諸侯相朝之事也

主國五積三問皆三辭拜受皆旅擯再勞三辭三揖登拜受拜送 賓所停止則積間澗則問行道則勞其禮皆使卿大夫致之從來至去數如此也三辭辭其以禮來於外也積問不言登受之於庭也鄭司農云旅讀爲旅於太山之旅謂九人傳辭相授於上下竟問賓從末上行介還受上傳之玄謂旅讀爲鴻臚之臚臚陳之也賓之介九人使者七人皆陳擯位不傳辭也賓之上介出請使者則前對位皆當其末擯焉三揖謂庭中時也拜送送使者○旅如字又音臚力於反傳直專反下除春秋傳皆同末上時掌反下上傳上車

同〔疏〕注賓所至使者○釋曰云賓所停止則積者謂遺人云十里有廬廬有飲食三十里有宿宿有委五十里有市市有積是也云問閭則問者上注問問不恙也云行道則勞者謂勞苦之云皆使卿大夫致之者按聘禮遣卿行勞禮臣來尚遣卿勞明君來遣卿勞可知此再勞一勞在境一勞在遠郊皆使卿勞其近郊勞當主君親爲之也其積問當使大夫故下句云致飧如致積之禮注云俱使大夫禮同也知致飧使大夫者見聘禮宰夫朝服設飧宰夫即大夫問亦小禮明亦使大夫也云從來至去數如此也者五積三問再勞來去皆有此數故云數如此也先鄭云此旅讀爲旅於大山之旅謂九八傳辭相授於上下竟問賓從末上行介還受上傳之者謂此先鄭以爲旅擯與交擯同之後鄭不從者此臣禮云旅擯下文云主君郊勞交擯三辭明其別旅直陳擯介不傳辭交則一往一來傳辭也云玄謂旅讀爲鴻臚之臚臚陳之也者按爾雅釋詁云尸旅陳也釋言云豫臚敘也注云皆陳敘也也後鄭不從旅大山之旅從臚者欲取敘義也云賓之介九人也者自從公介九人之禮云使者七人者自從降二等之禮云皆陳擯位不傳辭也賓之上介出請使者則前對位皆當其末擯焉者此皆約聘禮主君大門內迎聘賓之位也云三揖謂庭中時也者如聘禮入門揖當曲揖當碑揖是也○云

主君郊勞交擯三辭車逆拜辱三揖三辭拜受車送三還再拜主君郊勞備三勞而親之也鄭司農云交擯三辭謂賓主之擯者俱三辭也車逆主人以車迎賓於館也拜辱賓拜謝辱也玄謂交擯者各陳九介使傳辭也車迎拜辱者賓以主君親來乘車出舍門而迎之若欲遠就之然見之則下拜迎謝其自屈辱來也至去又出車若欲遠送然主君三還辭之乃再拜送之也車送迎之節各以其等則諸公九十步立當車軹也三辭重者先辭辭其以禮來於外後辭辭升堂

疏主君至再拜○釋曰此當近郊勞交賓三辭者主君至郊有館舍賓在內主君至館大門外主君北面而陳此九介去門九十步東面賓在大門內於門外之東亦陳九介西面不陳五擯者非主君從賓禮故也三辭者賓一辭主君以禮來於外車迎拜辱者傳辭旣訖賓乘車出大門迎主君至主君處下車拜主君屈辱自至郊也三揖者入門乃當曲當碑爲三揖三辭者辭讓升堂拜受賓再拜乃受幣主君亦當拜送不言省文也車送者賓乘車出門就主君若欲遠送之三還者主君賓送已三還辭之再拜者賓見主君辭遂再拜送主君也○注主君至升堂○釋曰云備三勞而親之也者大行人有

三問三勞之文也主君身自勞是親之也先鄭云車逆主人以車迎賓於館也拜辱賓拜謝辱也後鄭不從者此直是備三勞既來至國何有輒迎賓於館乎云謂各陳九介者以其在道俱不爲主故無五擯之事故各陳九介也云立當車軹也者賓主俱立當軹大行人文云後辭辭升堂者按鄉飲酒禮主人取爵降洗賓降主人坐奠爵于階前辭注云事同曰讓事異曰辭禮升堂是事同不云讓而云辭者此賓主敵者主人之意欲有受於庭之心故從事異曰辭是以下諸公之臣等升堂皆云讓依事同曰讓非敵故聘義云三讓而後傳命三讓而後入廟門並事異不云辭者欲取致尊讓之意變文耳又彼記文非正經故不爲例也

致館亦如之館舍也使大夫授之君又以禮親致焉

疏注館舍至致焉○釋曰鄭知使大夫授舍者見聘禮云大夫帥至館卿致之以此知先遣大夫授館也此大夫亦應是卿云亦如之者上主君郊勞此親致館明亦如之也云凡致者皆有幣以致之致之使若已有然也

致飧如

致積之禮俱使大夫禮同也飧食也小禮曰飧大禮曰饔餼○致飧素尊反下同

疏注俱使至饔餼○釋曰上公飧五牢賓始至之禮欲致館後即言之云如致積之禮者積在道已致故云如之以其俱小禮不

使卿故云俱使大夫禮同也云飧食也者以其有芻薪米禾食之類故云食也云小禮曰飧者聘禮使宰夫設飧禮物又少故曰小云大禮曰饔餼者以其有腥有牽芻薪米禾又多故曰大是以聘禮記云聘日致饔注云急歸大禮又以下文致饔餼亦在將幣後即致之也及將幣交擯三辭車逆拜辱賓車進荅拜三揖三讓每門止一相及廟唯上相入賓三揖三讓登再拜授幣賓拜送幣每事如初賓亦如之及出車送三請三進再拜賓三還三辭告辟鄭司農云交擯擯者交也賓車進荅拜賓上車進主人乃荅其拜也及出車送三請主人三請留賓也三進進隨賓也賓三還三辭告辟賓三還辭謝言已辟去也玄謂既三辭主君則乘車出大門而迎賓見之而下拜其辱賓車乃前下荅拜也三揖者相去九十步揖之使前也至而三讓讓入門也相謂主君擯者及賓之介也謂之相者於外傳辭耳入門當以禮詔侑也介紹而傳命者君子於其所尊不敢質敬之至也每門止一相

彌相親也君入門介拂闑大夫中棖與闑之間士介拂棖此爲介鴈行相隨也止之者絕行在後耳賓三揖三讓讓升也登再拜授幣授當爲受主人拜至且受玉也每事如初謂享及有言也賓當爲儐謂以鬱鬯禮賓也上於下曰禮敵者曰儐禮器曰諸侯相朝灌用鬱鬯無籩豆之薦謂此朝禮畢儐賓也三請三進請賓就車也主君每一請車一進欲遠送之也三還三辭○主君一請者賓亦一還一辭○授幣音受賓拜音擯下賓使者同辟音辟劉薄歷反注同下客辟三辟趨辟放此已辟音避偝音又闑魚列反棖直庚反行戶剛反

疏 及將至告辟○釋曰及至也至將幣謂賓初至館後日行朝禮之時故云至將幣幣即圭璋也云交擯三辭車逆拜辱賓車進荅拜者此並在主君大門外賓去門九十步而陳九介主君在大門外之東陳五擯上擯入受命出請事傳辭與承擯承擯傳與末擯末擯傳與末介末介傳與承介承介傳與上介上介傳與賓賓又傳與上介上介傳與承介承介傳與末介末介傳與末擯末擯傳與承擯承擯傳與上擯上擯入告君如是者三謂之交擯三辭諸交擯者例皆如此也車逆拜辱者傳辭既訖主君乘車出大門至賓所下車拜賓屈辱來此也賓車進荅拜者賓初升車進就主君主君下賓亦下車荅主君拜也三揖者主君遥揖賓使前北面三讓

入大門也云每門止一相者既入門迴面東至祖廟之時祖廟西仍有二廟以其諸侯五廟始祖廟在中兩廂各有一廟各別院爲之則有二門門傍皆有南北隔牆隔牆皆通門故得有每門若不然從大門內即至祖廟之門何得有每門而云門止一相乎故爲此解也云上相入者相入即上擯上介須詔禮故須入云三揖者亦謂入門揖當曲揖當碑揖也云三讓登者至階主君讓賓賓讓主君如是者三主君先升云再拜授幣者授當爲受賓主俱升主人在阼階上北面拜乃就兩楹間南面賓亦就主君賓授玉主君受之故云再拜受幣也云賓拜送幣者賓既受乃退向西階上北面拜送幣乃降也○注鄭司至一辭○釋曰先鄭云賓車進荅拜賓上車進主人乃荅其拜也後鄭不從者車送拜辱已是主人今云車進荅當是客何得主人再度拜故不從也云及出車送三請主人三請留賓也後鄭亦不從者行朝享禮賓訖送賓出禮既有限何因更有留賓之事故不從也云介紹而傳命者此聘義文按彼介紹而傳命謂聘者旅擯法引證此交擯者但紹繼也謂介相繼而陳則交擯旅擯皆得爲紹故此交擯亦得紹介而傳命也按彼注質謂正自相當賓主不敢正自相當故須擯介通情也云君入門介拂闑大夫中棖與闑之間士介拂棖者玉藻文君入門不言所拂者朝君入由闑西

亦拂闑不言之者君特行不與介連類故不言也介拂闑者上介隨君從與大夫士介自爲鴈行於後也云止之者絶行在後耳者知不全入而爲絶行在後者以聘禮介皆入廟門門西北面西上故知此君介亦入門西北面西上可知故云絶行在後後亦入廟也云登再拜授幣授當爲爲受者欲見登再拜受玉者主君止得爲受不得爲授之義故也云拜至且受玉也者拜中舍此二事故也云毎事如初謂享及有言也者按聘禮享夫人下云若有言束帛如享禮是也云上於下曰禮敵者曰擯者大行人云王禮再祼而酢之屬是上於下曰禮此諸侯云擯是敵者曰擯也云禮器曰諸侯相朝灌用鬱鬯無籩豆之薦引之者證擯亦用鬱鬯也云主君一請賓亦一還一辭者則主君三請三進其賓三還三辭一一相將但别言之耳

致饔餼還圭饗食致贈郊送皆如將幣之儀此六禮者惟饗食速賓耳其餘主君親往親往者賓爲主人主人爲賓君如有故不親饗食則使大夫以酬幣侑幣致之鄭司農云還圭歸其玉也故公子重耳受飧反璧玄謂聘以圭璋禮也享以璧琮財也已聘而還圭璋輕財而重禮贈送以財既贈又送至于郊○還音環又音旋食音嗣凡饗食皆同【疏】注此六至于郊○釋曰知

饗食速賓者按公食大夫禮君親食之君不親食則以侑幣致之聘禮云公於賓一食再饗上介一食一饗若不親食致之以侑幣致饗以酬幣以此知二者皆速賓也云其餘主君親往親往者賓爲主人主人爲賓者見聘禮云君使卿歸饔餼又云賓迎于小門外又云大夫東面致命君使卿還玉于館賓迎于外門外不拜帥大夫以入鄭君以此二者知賓爲主人主人爲賓致聘郊送亦然可知也聘禮乃君於臣此兩君敵明主君親爲之矣先鄭云公子重耳事見僖公二十三年公子重耳反國及曹曹共公聞其駢脅欲觀其裸浴薄而觀之僖負羈之妻曰吾觀晉公子之從者皆足以相國若以相夫子必反其國反其國必得志於諸侯得志於諸侯而誅無禮者曹其首也子盍蚤自貳焉乃饋盤飧寘璧焉公子受飧反璧是其事引之者證還圭之事但彼反璧者義取不貪寶意非還圭故後鄭不從也玄謂聘以圭璋禮也者聘義云以圭璋聘重禮也謂行聘禮也云享以璧琮財也者貢財貨時用璧琮以致之故云財也云已聘而還圭璋輕財而重禮者還圭璋是重禮璧琮不還是輕財也云贈送以財者聘禮賓遂行舍于郊公使卿贈如覿幣注云言如覿幣見爲反報是贈并送至于郊

賓之拜禮拜饔餼拜饗食鄭司農云賓之拜禮者因

言賓所當拜者之禮也所當拜者拜饔餼拜饗食玄謂賓將
去就朝拜謝此三禮三禮禮之重者也賓既拜主君乃至館
贈之去又
送之于郊（疏）
注鄭司至于郊○釋曰先鄭所說是後鄭增
成其義按聘禮饔餼燕羞俶獻之明日賓皆
拜於朝將去又三拜乘禽于朝彼臣故盡拜謝此賓之拜禮
在致贈郊送之下則不及燕羞俶獻乘禽以其君略小惠將
去惟拜其大禮也按聘禮賓三拜乘禽於朝遂行舍于郊公
使卿贈如覿幣此致贈郊送在拜禮後今設文在前者欲取如
將幣之儀故進文在前其贈送合在後也云賓既拜主君乃
至館贈之去又送之于郊者鄭以贈送之文在前拜禮在後
恐疑顛到故此又
解之是其次也

賓繼主君皆如主國之禮

鄭司農
云賓繼
主君復主人之禮費也故曰皆如主國之禮玄謂繼主君者
儐主君也儐之者主君郊勞致館饔餼還圭贈郊送之時也
如其禮者謂玉帛皮馬也有饌陳之積者不
如也若饗食主君及燕亦速焉○費芳味反（疏）
注鄭司至
速焉○釋
曰先鄭云繼主君復主人之禮費也後鄭不從者主人禮費
既多非賓所能復玄謂繼主君者儐主君也者按聘禮君遣
卿勞及致館等皆儐儐者報也上注云敵者曰儐故此報主
君爲儐云儐之者主君郊勞致館饔餼還圭贈郊送之時也

如其禮者謂玉帛乘馬也者按聘禮云賓至于近郊君使卿朝服用束帛勞又云賓用束帛儐勞者君使卿韋弁歸饔餼又云大夫奉束帛又云賓降受老幣出迎大夫注云出迎欲儐之庭實設馬乘賓降堂受者束錦賓奉幣西面大夫東面賓致幣是皆有儐注彼兩臣有儐此兩公有儐可知也若然彼聘禮致館無儐者彼君使卿致館不以幣故亦無儐明此兩君致時有幣合亦儐之也彼聘禮賓不見有饗食速主君者臣於君雖他國亦不敢速君故禮記云大夫饗君非禮是也此兩君即得其燕食等皆得速主君也主君有故不能親以侑幣酬幣致之亦無儐鄭彼注云以已本宜往還玉于館及還享雖無束帛文亦當儐之矣

諸侯諸伯諸子諸男之相爲賓也各以其禮相待也如諸公之儀賓主相待之儀與諸公同也饔餼饗食之禮則有降殺○殺色界反下豐殺則殺及後殺禮皆同〔疏〕注賓主至降殺○釋曰五等諸侯以命數分爲三等其圭璋饔餼飧積步數儐介皆降殺備於大行人掌客其進退揖讓之儀一與公同故云如諸公之儀

諸公之臣相爲國客謂相聘也〔疏〕注謂諸公至國客○釋曰謂上諸公之臣相聘

往來爲國客相待相送之儀此法皆備於下文也則三積皆三辭拜受受者受之於庭也侯伯之臣不致積〔疏〕則三至拜受○釋曰此謂在道之禮於路館致之亦有束帛致之云三辭拜受者辭不受三辭後受之故云三辭拜受也知受之於庭者上諸公即云登登謂登堂此不云登故知受於庭也知侯伯之臣不云致積者按聘禮以五介又張旜是侯伯之卿聘使者經不云積明侯伯之臣不致積可知但不以束帛行禮致之豈於道全無積乎明有也

及大夫郊勞旅擯三辭拜辱三讓登聽命下拜登受賓使者如初之儀及退拜送登聽命賓登堂也賓當爲擯勞用束帛擯用束錦侯伯之臣受勞於庭〔疏〕及大至拜送○釋曰按諸禮此亦近郊勞也旅擯不傳辭賓使各陳七介而已云三辭拜辱者賓從館內出於大門拜使者辱命來於外云三讓者讓升堂云登聽命者賓登堂聽使者傳主君之命也云下拜登受者賓聽命訖下堂拜命訖登堂受幣也云賓使者如初之儀者謂使傳命訖禮畢出門賓以束帛賓使者如初行勞時之儀前賓受幣今使者受幣受幣雖異威儀則同敬主君使者也如

勞用束帛償用束錦者約聘禮郊勞知之知侯伯之臣受勞於庭者亦按聘禮賓是侯伯之臣云受於舍門內是不登堂也

致館如初之儀如郊勞也不償耳侯伯之臣致館于庭不言致殯者君於聘大夫不致殯也聘禮曰殯不致賓不拜

【疏】注如郊至不拜○釋曰按聘禮賓至使大夫帥至館卿致館此公之臣亦當然上云郊勞此云如初如初郊勞也鄭知不償者聘禮致館無束帛賓亦無償知此亦然也云侯伯之臣致館于庭者亦按聘禮知之云君於聘大夫不致殯也引聘禮殯不致賓不拜者按聘禮致館之下即云宰夫設殯即此致館下不云致殯故云君於聘大夫不致殯如是五等之臣皆無致殯也

及將幣旅擯三辭拜逆客辟三揖每門止一相及廟唯君相入三讓客登拜客三辟授幣下出每事如初之儀客辟逡巡不荅拜也唯君相入客臣也相不入矣拜主君拜客至也客三辟三退負序也每事亨及有言○逡七旬反

【疏】及將至之儀○釋曰及至也謂賓在館至將幣將幣亦謂主璋也云旅償三辭者亦謂於主君大門外主君陳五償客陳

七介不傳辭故云旅擯也云三辭者前郊勞三辭辭其以禮
來於外此三辭辭其主君以大客禮當已云拜逆客辟者謂
三辭訖主君遣上擯納賓賓入大門主君在大門內南面拜
拜賓奉君命屈辱來見已客辟不受拜者使者奉君命來不
敢當拜故逡巡辟君拜也云三揖者亦揖之使前云每門止
一相者謂彌相親也云及廟惟君相入者與前諸公少異彼
是兩君故云惟上相入則兩君擯介各有上相亦不入故據
君而言也云三讓客登者按聘義云三讓而後入廟門三揖
而後至階此不言者文不具客登者主君與客俱登據客而
言故云客登也云拜客三辟者主君與客俱登訖主君於阼
階上北面拜拜賓喜至此堂幷拜受幣云客三辟者三退負
序不敢當君拜云授幣者授玉與主君也○注客辟至有言
釋曰云客辟逡巡不荅拜也者釋上拜逆客辟也云客三辟
三退負序也者按聘禮云賓三退負序注云三退三逡巡也
不言辟者以執圭將進授之此亦執圭將授言辟者儀禮是
委曲行事故云執圭將進不得云辟此周禮事未見據大總
而言故云辟無嫌三退負序聘禮文 **及禮私面私獻**
云毋事享及有言者亦約聘禮知之

皆再拜稽首君荅拜 禮以醴禮客私面私覿也既覿
則或有私獻者鄭司農云說私

面以春秋傳曰楚公子棄疾見鄭伯以其乘馬私面（疏）注禮以至私面○釋曰此三者皆於聘日行之故并言之云君荅拜者雖是異國之臣當空首拜也知禮以醴禮客者按聘禮禮客用醴齊異於君欝鬯也云私面私覿也者按聘禮賓奉束錦請覿又云問卿訖賓面如覿幣注云面亦見也其謂之面威儀質也彼不見有私獻又於君謂之覿於卿謂之面覿面別此云私面私覿為一者以彼文兩見則私覿據君私面據卿此文不見有私覿直言私面豈不見君直見臣也明此私面主於君故以私面為私覿也彼無私獻非常故彼記云既覿賓若私獻奉獻將命故此注云既覿則或有私獻者也云春秋者按左氏昭六年楚公子棄疾如晉過鄭見鄭伯如見王以其乘馬八匹私面見子皮如上卿以馬六匹見子産以馬四匹見子大叔以馬二匹稱面者以其面亦覿也且過鄭非正聘故以面言之

出及中門之外問君客再拜對君拜客辟而對君問大夫客對君勞客客再拜稽首君荅拜客趨辟

中門之外即大門之内也問君曰君不恙乎對曰使臣之來寡君命臣于庭問大夫曰二三子不恙乎對曰寡君命使臣

于庭二三子皆在勞客曰道路悠遠客甚勞勞介則曰二三子甚勞問君客再拜對者爲敬愼也○客甚勞如字下甚勞勞辱同（疏）注中門至愼也○釋曰賓來主爲以君命行聘享是以先行聘享訖乃始行私相慰問之事是以聘禮注云鄉以公禮將事無由問也云中門之外即大門之內也者聘禮云及大門內公問君故指彼云即大門內也按聘禮云及大門內公問君賓對公再拜注云賓至始入門之位北面將揖而出衆介亦在其右少退西上於此可以問君居處何如序殷勤也時承擯紹擯亦於門東北面東上上擯往來傳君命南面云問君曰已下未知鄭君所出何文或云是孔子聘問之辭亦未得其實也爾雅云恙憂也

致饔餼如勞之禮饗食還圭如將幣之儀饗食亦謂君不親而使大夫以幣致之（疏）致饔至之儀○釋曰云致饔餼如勞之禮者同使卿威儀進止皆如上郊勞之禮還以本圭故云如也○注饗食至致之○釋曰知饗食是君不親者以其與還圭共文同是致之故知君不親使大夫致之也致饗及還玉賓主皆是大夫其將幣主君與使臣行禮如將幣者恭不盡如之所如者如旅擯主人皮弁賓皮弁襲將幣同自餘則別是以聘禮君使卿皮弁還玉于館賓皮弁襲迎于

外門外不拜帥大夫以入大夫升自西階鉤楹賓自碑内聽命升自西階自左南面受圭退負右房而立是與將幣別之事也

君館客客辟介受命遂送客從拜辱于朝

君館客者客將去就省之盡殷勤也遂送君拜以送客○客從本亦作從同才用反

〔疏〕君館至于朝　釋曰按聘禮云公館賓賓辟注云言辟者君在廟門敬也又云上介聽命注云聽命於廟門中西面如相拜然也然則此中行事亦爾鄭知君拜送者見聘禮云聘享夫人之聘享問大夫送賓公皆再拜是其有拜此云客從拜辱于朝者聘禮曰公退賓從請命于朝公辭賓退是也

明日客拜禮賜遂行如入之積

禮賜謂乘禽君之加惠也如入之積則三積○乘繩證反下乘皮同

〔疏〕注禮賜至至去○釋曰按聘禮云館賓下云賓三拜乘禽於朝以此知禮賜是乘禽也云遂行如入之積鄭云如入之積則三積從來至去者入與出各三積故得以後如前以此而言諸侯言出入五積四積三積之類入出各五各四各三者也

凡諸伯子男之臣以其國之爵相爲客而相禮其儀亦如

之爵卿也大夫也士也疏注爵卿至士也○釋曰諸侯之臣言爵相爲客而相禮者不離三等卿大夫士鄭注掌客云爵卿也則飧二牢饔餼五牢大夫也則飧大牢饔餼三牢士也則飧少牢饔餼大牢也此降小禮豐大禮也以命數則參差難等略於臣用爵而已以此三等相禮也云其儀亦如之者亦以三等相差七十步七介五十步五介三十步三介小聘使大夫又降殺也凡四方之賓客禮儀辭命餼牢賜獻以二等從其爵而上下之上下猶豐殺也○上時掌反疏凡四至下之○釋曰上經云爵鄭以卿大夫士三等解之此經云二等即與大行人云諸侯之卿各下其君二等大夫士亦如之大夫下卿士下大夫降殺以兩解之同也云從其爵者以三等降殺從三等而爲之云上下猶豐殺也者爵尊者禮豐爵卑者禮殺以二等爲豐殺也凡賓客送逆同禮謂郊勞郊送之屬疏注謂郊至之屬○釋曰經云送逆故知郊勞郊送也郊勞是逆郊送是送尊卑不同此二者一也凡諸侯之交各稱其邦而爲之幣以其幣爲之禮幣享

幣也於大國則豐於小國則殺主國禮之如其豐殺謂賄【疏】
用束紡禮用玉帛乘皮及贈之屬○稱尺證反紡芳往反
凡諸至之禮○釋曰此一經惟論享幣多少及主國報禮輕重之事言交者兩國一往一來謂之交言各稱其邦而爲之幣者據朝聘所齎享幣大國多小國少云以其幣爲之禮者據主國賄客還依來者多少而報之○注幣享至之屬○釋曰鄭知幣是享幣者以其經云稱其邦復云幣明幣是享幣不得據圭璋璧琮也知是賄用束紡禮用玉帛乘皮及贈之屬者據聘禮還玉之下云賓裼迎大夫賄用束紡注云所以遺聘君可以爲衣服又云禮玉束帛乘皮注云禮禮聘君也所以報享也又云遂行舍于郊公使卿贈如覿幣記云賄在聘爲賄是其豐殺多少者也

凡行人之儀不朝不夕不正其主面亦不背客謂擯相傳辭時也不正東鄉不正西鄉常視賓主之前却得兩鄉之而已○朝如字又直遥反背音佩鄉許亮下同

【疏】注謂擯至而已○釋曰此經論司儀爲擯相之法朝謂日出時爲正鄉東夕謂日入時爲正鄉西云不正其主面則亦不背客故鄭云常視賓主之前却得兩鄉之而已言此者正謂司儀隨機旋轉不常厥處者也

行夫掌邦國傳遽之小事嫩惡而無禮者凡其使也必以旌節雖道有難而不時必達傳遽若今時乘傳騎驛而使者也美福慶也惡喪荒也此事之小者無禮行夫主使之道有難謂遭疾病他故不以時至也必達王命不可廢也其大者有禮大小行人使之有故則介傳命不嫌不達○傳張戀反注同遽其庶反使色吏反注及下同難乃旦反注同傳直賔反象胥職同

［疏］行夫至必達○釋曰行夫者以身自行於外言嫩惡無禮者無擯介而單行謂之無禮也云必以旌節者道路用旌節故也云雖道有難而不時者無難者即依程至秪由有難故不時云必達者雖不時必達於所往之處也○注傳遽至不達○釋曰云美福慶也者謂諸侯國有生男及嫁娶等云惡喪荒也者謂民有死喪及年穀不孰若諸侯薨之等大事即使卿大夫若春秋王使榮叔含咺之等有禮不使行夫也云他故者謂賊寇及水旱之等云必達王命不可廢也者以其行夫下士三十二人以人數多縱有難必達也云其大者有禮大小行人使之者按大行人雖不云身使之事其閒問及王之所以撫諸侯之等或身自行小行人云使適四方是身行之事也

居於其國則掌行人之勞辱事焉使則介之使謂大小行人也故書曰夷使鄭司農云夷使使於四夷則行夫主爲之介玄謂夷發聲○夷劉音夷〔疏〕注使謂至發聲○釋曰先鄭以夷使使於四夷後鄭不從以爲夷發聲者以經云居則掌行人之勞辱事是行人所使即云介明還與行人爲介文勢不容與行人別行直四夷使自使象胥何得使行夫也故不從之也

環人掌送逆邦國之通賓客以路節達諸四方通賓客以常事往來者也路節旌節也四方圻上〔疏〕環人至四方○釋曰此環人與夏官環字雖同義則異彼環人主致師此環人主環遶賓客使不失脫是其異也○注通賓至圻上○釋曰云通賓客以常事往來者也者謂朝覲會同者也云路節旌節也者以其道路用旌節故知路節旌節也云四方圻上者至畿即入諸侯國諸侯國自有通之者也

舍則授館令聚欜有任器則令環之令令野廬氏也鄭司農云四方人有任器者則環人主令殉環守之○殉徐音循或辭俊反〔疏〕舍則至環之○

釋曰館則道上廬宿市所館舍任器謂賓客任用之器○注令令至守之○釋曰令令野廬氏也者其職云若有賓客則令守涂地之人聚欜之故知令野廬也

凡門關無幾送逆及疆

鄭司農云門關不得苛留環人也玄謂環人送逆之則賓客出入不見幾○疆居良反苛音何又呼何反〔疏〕注鄭司至曰先鄭云門關不得苛留環人也者以環人乃是執節之人事不畏門關苛留故後鄭以爲環人送逆之則門關不得苛留賓客

象胥掌蠻夷閩貉戎狄之國使掌傳王之言而諭說焉以和親之

謂蕃國之臣來覜聘者○閩亡巾反又音文貉亡百反使所吏反〔疏〕注謂蕃至聘者○釋曰蕃國之君世壹見臣得有覜聘者彼雖無聘使法有國事來小行人受其幣聽其辭以中國覜聘況之耳其實無覜聘也

若以時入賓則協其禮與其辭言傳之

以時入賓謂其君以世一見來朝爲賓者○見賢遍反〔疏〕若以至傳之○釋曰

云協其禮者夷狄之君以不能行中國禮及其行朝聘。亦當以禮和合之使得其所也云與其辭言傳之者但夷狄之君亦是中國卿大夫有罪使任於彼計應言辭可知令言協其辭言傳之者謂若外之衆須譯語者也**凡其出入送逆之禮節幣帛辭令而賓相之**從來至去皆爲擯而口。侑其禮儀。賓音儐下同相息亮反下同疏凡其至相之。釋曰夷狄無玉帛來向中國而云幣帛者謂王有賜與之者也**凡國之大喪詔相國客之禮儀而正其位**客謂諸侯使臣來弔者疏注客謂至弔者。釋曰大喪言凡則非王喪若王喪諸侯皆來何得有使臣來諸侯絕無來者則大喪王后世子也或大喪王喪不言諸侯者餘官掌之此象胥直掌臣也又象胥本主夷狄之使亦兼掌中國之使故下有大事諸侯之等也**凡軍旅會同受國客幣而賓禮之**謂諸侯以王有軍旅之事使臣奉幣來問疏注謂諸至來問。釋曰言諸侯以王有軍旅之事使臣奉幣來問者正謂禮勤不虛以爲相見之禮以幣致其君命非謂別有幣也**凡作事王**

之大事諸侯次事卿次事大夫次事上士下事庶子作使也鄭司農云王之大事諸侯使諸侯執大事也次事卿使卿執其次事也次事使大夫次事使上士下事使庶子 疏 凡作至庶子○釋曰直言上士不言中士下士者揔以王之三等之士皆曰上士與王制所云元士同也云庶子者謂若宮伯所云士庶子之等直云庶子兼適子在其中也

掌客掌四方賓客之牢禮餼獻飲食之等數與其政治政治邦新殺禮之屬○治直吏反注同 疏 注政治至之屬○釋曰此經與下文爲揔目其事並在下文云政治邦新殺禮之屬者下文云新國則殺禮殺禮類多故云之屬以通之王合諸侯而饗禮則具十有二牢庶具百物備諸侯長十有再獻饗諸侯而用王禮之數者以公侯伯子男盡在是兼饗之莫敵用也諸侯長九命作伯者也獻公侯以下如其命數○長丁丈反注同敵丁歷反 疏 注饗諸至命數○釋曰云王禮之數者則十二牢是故哀

七年吳來徵百牢魯使子服景伯對曰周之王也制禮上物
不過十二以爲天之大數也上公以九爲節則十二者是王
禮之數也云以公侯伯子男盡在是兼饗之者以經云合則
時會殷同是盡在於是兼饗故用十二牢也云莫敵用也者
若單饗一國即有賓主之敵則單用大牢今兼饗諸侯無一一
相敵故云莫敵用也若曲禮云大饗不問卜鄭云莫適卜也
彼亦非一帝揔饗五帝莫適卜也云諸侯長九命作伯者也
者大宗伯云九命作伯注云上公有功德者加命爲二伯云
獻公侯以下如其命數者大行人云上
公饗禮九獻侯伯七獻子男五獻是也　**王巡守殷國則**

國君膳以牲犢令百官百牲皆具從者三公
眂上公之禮卿眂侯伯之禮大夫眂子男之
禮士眂諸侯之卿禮庶子壹眂其大夫之禮

國君者王所過之國君也犢繭栗之犢也以膳天子貴誠也
牲孕天子不食也祭帝不用也凡賓客則皆角尺令者掌客
令主國也百牲皆具言無有不具備。從者才用反下注從賓同繭古典反
〔疏〕王巡至之禮。釋曰王巡守則

般同殷同則殷國也王巡守至於四岳之下當方諸侯或所在經過或至方岳之下若殷國或在王城出畿外在諸侯之國所在之處皆設禮待王故從守殷國並言也云則國君膳以牲犢者膳亦謂殷膳時也云令百官百牲皆具者此文與下爲目百官即三公已下是也云三公者明上公已下及侯伯子男禮備於大行人及掌客諸侯之卿及諸侯大夫禮亦備於聘禮及公食大夫也○注國君至具備○釋曰云國君者王所過之國君也者鄭偏舉一邊而言所在亦須共待云犢繭栗之犢也者王制云天地之牛角繭栗郊特牲云天子適諸侯諸侯膳用犢謂殷膳時特與祭天之牲同用犢則天子繭栗可知也云以膳天子貴誠也牲孕不食也祭帝不用也者皆郊特牲文言此者見天子牲與天同貴誠慤故用繭栗也云凡賓客則皆角尺者亦王制文云令者掌客令主國也者以其掌客掌諸侯已下牢禮故知掌客令也 凡

諸侯之禮上公五積皆眂飱牽三問皆脩羣介行人宰史皆有牢飱五牢食四十簠十豆四十鉶四十有二壺四十鼎簋十有二牲三

十有六皆陳饔餼九牢其死牢如飧之陳牽
四牢米百有二十筥醯醢百有二十罋車皆
陳車米眡生牢牢十車車秉有五籔車禾眡
死牢牢十車車三秅芻薪倍禾皆陳乘禽日
九十雙殷膳大牢以及歸三饗三食三燕若
弗酌則以幣致之凡介行人宰史皆有飧饔
餼以其爵等爲之牢禮之陳數唯上介有禽
獻夫人致禮八壺八豆八籩膳大牢致饗大
牢食大牢卿皆見以羔膳大牢侯伯四積皆
眡飧牽再問皆脩飧四牢食三十有二簠八

豆三十有二鉶二十有八壺三十有二鼎簋十有二腥二十有七皆陳饔餼七牢其死牢如飧之陳牽三牢米百筥醯醢百罋皆陳米三十車禾四十車芻薪倍禾皆陳乘禽日七十雙殷膳大牢三。饗再食再燕凡介行人宰史皆有飧饔餼以其爵等爲之禮唯上介有禽獻夫人致禮八壺八豆八籩膳大牢致饔。大牢卿皆見以羔膳特牛子男三積皆眡飧牽壹問以脩飧三牢食二十有四簋六豆二十有四鉶十有八壺二十有四鼎簋十有二牲十有八皆陳饔餼五牢其死牢如飱之陳牽二牢米八十筥醯醢八十罋皆陳米二十車禾三十車芻薪倍禾皆陳乘禽日五十雙壹饗壹食壹燕凡介行人宰史皆有飱饔餼以其爵等爲之禮唯上介有禽獻夫人致禮六壺六豆六籩膳眡致饗親見卿皆膳特牛

積皆視飱牽謂所共如飱而牽牲以往不殺也不殺則無鉶鼎簠簋之實其米實于筐豆實實于罋其設筐陳于楹內罋陳于楹外牢陳于門西車米禾芻薪陳于門外壺之有無未聞三問皆脩脩脯也上公三問皆脩下句云羣介行人宰史皆有牢君用脩而臣有牢非禮也葢著脫字失處且誤耳飱客始至致小禮也公侯伯子男飱皆餁一牢其餘牢則腥食者唭其庶羞美可食者也其設葢陳于楹外東西不過四列簠稻粱器也公十簠堂上六西夾東夾各二也侯伯八簠堂上

四西夾東夾各二子男六簋堂上二西夾東夾各二豆菹醢器也公四十豆堂上十六西夾東夾各十二侯伯三十二豆堂上十二西夾東夾各十子男二十四豆堂上十二西夾東夾各六禮器曰天子之豆二十有六諸公十有六諸侯十有二上大夫八下大夫六以聘禮差之則堂上之數與此同鉶羹器也公鉶四十二侯伯二十八子男十八非衰差也二十八書或爲二十四亦非也其於衰公又當三十於言又爲無施禮之大數鉶少於豆推其衰公鉶四十二宜爲二十八益近之矣則公鉶堂上十八西夾東夾各十侯伯堂上十二西夾東夾各八子男堂上十西夾東夾各四壺酒器也其設於堂夾如豆之數鼎牲器也簠黍稷器也鼎十有二者飪一牢正鼎九與陪鼎三皆設于西階前簠十二者堂上八西夾東夾各二合言鼎簠者牲與黍稷俱食之主也牲當爲腥聲之誤也腥謂腥鼎也於侯伯云腥二十有七其故腥字也諸侯禮盛腥鼎有鮮魚鮮腊㸑牢皆九爲列設于阼階前公腥鼎三十六腥四牢也侯伯腥鼎二十七腥三牢也子男腥鼎十八腥二牢也皆陳陳列也殯門內之實備于是矣亦有車米禾芻薪公殯五牢米二十車禾三十車侯伯四牢米禾皆二十車子男三牢米十車禾二十車芻薪皆倍其禾饔餼既相見致大禮也大者既兼殯積有生有腥有孰餘又多也死牢

如飱之陳亦餁一牢在西餘腥在東也牽生牢也陳于門西
如積也米横陳于中庭十爲列每筥半斛公侯伯子男黍粱
稻皆二行公稷六行侯伯稷四行子男二行醯醢夾碑從陳
亦十爲列醯在碑東醢在碑西皆陳於門内者於公門内之
陳也言車者衍字耳車米載米之車也聘禮曰十斗曰斛十
六斗曰籔十籔曰秉每車秉有五籔則二十四斛也禾稾實
并刈者也聘禮曰四秉曰筥十筥曰稯十稯曰秅每車三秅
則三十稯也稯猶束也米禾之秉筥字同數異禾之秉手把
耳筥讀爲棟梠之梠謂一稇也皆陳横陳門外者也米在門
東禾在門西芻薪雖取數于禾薪從米芻從禾也乘禽乘行
羣處之禽謂雉鴈之屬於禮以雙爲數般中也中又致膳示
念賓也若弗酌謂君有故不親饗食燕也不饗則以酬幣致
之不食則以侑幣致之凡介行人宰史衆臣從賓者也行人
主禮宰主具史主書皆有飱饔餼尊其君以及臣也以其爵
等爲之牢禮之數陳爵卿也則飱二牢饔餼五牢大夫也則
飱大牢饔餼三牢士也則飱少牢饔餼大牢也此降小禮豐
大禮也以命數則參差難等略於臣用爵而已夫人致禮助
君養賓也籩豆陳于戶東壺陳于東序凡夫人之禮皆使下
大夫致之於子男云膳視致饗言夫人致膳於小國君以致
饗之禮則是不復饗也饗有壺酒卿皆見者見于賓也既見

之又膳之亦所以助君養賓也卿見又膳此聘禮卿大夫勞賓饔餼之類與於子男云親見卿皆膳特牛見讀如卿皆見之見言卿於小國之君有不故造館見者故造館見者乃致膳鄭司農說牽云牲可牽行者也故春秋傳曰餼牽竭矣秏讀爲秏秭麻荅之秏○鉶音刑牲三十牲音星下牲十有八受牲禮同管姜呂反饔烏弄反藪素口反劉色縷反秏丁故反或宅加反乘繩證反下及注同食音嗣下食大牢再食壹食注不食同見賢遍反注下除相見見讀皆同餁而甚反夾古洽反劉古協反下同衰初危反下同差初佳反又初宜反陪鼎音裴行戶剛反下文六行四行二行皆同從子容反稾古老反并必政反又必盈反曰總本又作緵子工反李又音總把必馬反相音呂穧才計反參初林反差初宜反復扶又反勞老報反造七報反秭徐音姊劉祖禮反

【疏】注積皆至之秏○釋曰：云凡諸侯之禮者，此一句與下爲揔目也。此一經並是諸侯自相朝主國待賓之禮。若然，天子掌客不見天子待諸侯之禮，而見諸侯自相待者，天子掌客自掌天子禮，則諸侯相待之禮無由得見。今以天子之官輒見諸侯自相待，以外包內，天子待諸侯亦同。諸侯自相待可知，是以見諸侯相待之法也。云上公五積皆眡殯牽者，公國自相朝，是上公待上公之禮，有五積皆眡殯，一積眡一殯，殯五牢

五積則二十五牢言牽者數雖眂殯殯則殺積全不殺並生
致之故云牽侯伯四積。皆眂殯牽殯四牢一積眂一殯則一
積四牢揔十六牢亦牽不殺子男三積積亦眂殯殯三牢一積
三牢三積九牢亦牽之不殺也必牽之不殺者以其在道分
置豫往故不殺之容至自殺也既云眂殯殯則有芻薪米禾
之等故鄭解積皆依殯解之也云不殺則無鉶鼎者鉶鼎即
陪鼎是也但殺乃有鉶鼎不殺則無鉶鼎可知侯伯子男皆
然鄭云簠簋之實已下皆約公食大夫親食則有簠簋之實
已下皆餼在俎若不親食使大夫各以其爵朝服以侑幣致
之則生往今積既不殺與公食生致同故鄭皆約公食大夫
解之也云其設筐陳于楹內者彼云簋實實于筐陳于楹內
兩楹閒二以並南陳云甕陳於楹外者彼云豆實實于甕陳
于楹外二以並北陳云牢陳於門西者彼云牛羊豕陳于門
內西方東上是鄭皆依公食大夫之文也云車米禾芻薪陳
于門外者此約聘禮致饔餼之文彼云米三十車設于門東
爲三列東陳禾三十車設于門西西陳薪芻倍禾注云薪從
米芻從禾是其事也侯伯子男積之簠豆米禾薪芻等陳列
亦與此同也云壺之有無未聞者以其酒不可生致故云未
聞云三問皆脩羣介行人宰史皆有牢者鄭云三問皆脩脩
脯也對文脩是鍛脩加薑桂捶之者脯乾肉薄者散文脩脯

一也云上公三問皆脩下句云羣介行人宰史皆有牢君用脩而臣有牢非禮也者言非禮者君尊用脩臣卑用牢故云非禮云蓋著脫字失處按下文凡介行人宰史皆在饔食燕下此特在上有人見下文脫此語錯差著於此更有人於下著訖此剩不去故云蓋著脫字失處也云且誤耳者下文皆云凡介此云羣介故云且誤耳云殯客始至致小禮也者按聘禮大夫帥至館卿致館即云宰夫朝服設殯是其客始至之禮言小禮者對饔餼爲大禮也云公侯伯子男殯皆餼一牢其餘牢則腥者鄭言此者下惟言腥不言餼此有鉶及鼎皆爲餼一牢而言以是經雖不言餼須言餼之矣云其餘牢則腥腥之數備於下也云食者其庶羞美可食者也其設簋陳于楹外東西不過四列者前所陳皆約公食大夫致食之禮今按公食若不親食庶羞陳于碑內者設殯之時堂上皆有正饌無容庶羞之處楹外旣空不須向碑內及堂下故疑在楹外陳之十以爲列故四列也公食陳于碑內者由饔陳于楹外故在下也必知爲四列見公食云庶羞東西不過四列故知也云簠稻粱器也者見公食大夫簠盛稻粱云公十簠堂上六西夾東夾各二也侯伯八簠堂上四西夾東夾各二子男六簠堂上二西夾東夾各二鄭知此者見聘禮致饔餼堂上二簠東西各二簠今此公十侯伯八子男六禮之道

列堂上之數與東西夾之數堂上不多則等鄭遂以意裁之
五等東西夾各二以外置於堂上故云公六侯伯四子男二
也聘禮設飧鄭約致饔餼今亦約致饔餼也但聘禮設飧云
西夾六無東夾之饌者蓋降於君禮故也云豆菹醢器也者
見公食大夫及特牲少牢豆皆以豆盛菹醢故知也云公四
十豆堂上十六至各六鄭以堂上豆數取聘禮致饔餼於上
大夫八豆下大夫六豆並是堂上豆數又取禮器天子之豆
二十有六諸公十有六諸侯十有二謂侯伯子男同、則亦是
堂上豆數可知以此文公言四十明十六在堂上餘二十四
豆分之於東西夾此侯伯言三十二亦以十二爲堂上豆數
餘二十分於東西夾各十此子男云二十四以十二爲堂上
豆數其餘十二分爲東西夾各六其堂上豆數旣約聘禮爲
禮器東西多少鄭以意差之可知故云以聘禮差之則堂上
豆數與此同也云鉶羹器也者鉶器名鉶器所以盛膷臐膮
三等之羹故爲鉶羹云公鉶四十二侯伯二十八子男十八
非衰差也者衰差之法上下節級似若九若七若五挍一節
是衰差今公四十二侯伯二十八子男十八公於侯伯子男
大縣絕故云非衰差也云二十八書或爲二十四亦非也者
侯伯若二十四爲比公四十二侯十八又以二十四比子男
十八校六亦非其類故云亦非也云其餘衰公又當三十於

言又爲無施者爲三十亦非袞法以其無所倚就故云無所施也云禮之大數釧少於豆者案侯伯豆三十二釧二十八子男豆二十四釧十八是釧少豆多公食大夫豆六釧四是其釧少於豆也云推其袞公釧四十二宜爲三十八益近之矣者子男十八侯伯二十八公三十八以十爲降殺是其袞也言益者無正文故疑而生益也云公釧堂上十八西夾東夾各十侯伯堂上十二西夾東夾各八子男堂上十西夾東夾各四知如此差者亦約聘禮致饔餼兼以意準量而言云壺酒器也者司尊彝有兩壺尊春秋傳云尊以魯壺皆以壺爲酒尊也此所設亦約聘禮但彼堂上八壺東西夾各六壺此壺與豆數同四十故云其設於堂夾如豆之數也云鼎牲器者謂亨牲體之器。云簋黍稷器也者鼎十有二者飪一牢正鼎九與陪鼎三皆設于西階前者其陪鼎三設于內廉云簋十二者堂上八西夾東夾各二知設如此者約聘禮而知之也牢鼎九者謂牛羊豕魚腊膚與腸胃鮮魚鮮腊陪鼎三者腳臐膮也云合言鼎簋者牲與黍稷俱食之主也者黍稷與衆饌爲主牲與羞物爲主是俱得爲食之主也此五等諸侯同簋十二按聘禮致饔餼堂上八簋東西夾各六簋揔二十簋彼臣多此君少者禮有損之而益故也云牲當爲腥聲之誤也腥謂腥鼎也於侯伯云腥二十有七其故腥字也者子男亦云牲十八是亦當爲腥聲之誤也云諸侯禮盛腥鼎有鮮魚鮮腊每牢皆九爲列設於阼階前者此皆約聘禮設飧而言案彼飪一牢在西鼎九羞鼎三腥一牢在東鼎七致饔餼云腥二牢鼎二七無鮮魚鮮腊設於阼階前西面陳如飪鼎二列此云三十六故知有鮮魚鮮腊也云飧門内之實備於是矣者鄭言此者欲見門内兼備乃有車米之等也是以云亦有車米禾芻薪也云公飧五牢米二十車禾三十車已下皆約饔餼死牢而言以其饔餼云死牢如飧之陳上公五牢死侯伯四牢死子男三牢死皆如飧之陳明此米禾數如此云芻薪皆倍其禾者亦約饔餼禮也若然按聘禮米禾皆二十車者彼大夫禮豐小禮大夫飧二牢故米禾皆眡之米禾各二十車也云饔餼既相見致大禮也者知既相見所致者按聘禮記云聘日致饔鄭云急歸大禮是既相見致大禮也云大者既兼飧積有生有腥有䏑餘又多也者假令上公饔餼九牢五牢死四牢牽上公五積皆眡飧牽則是一積五牢言兼飧死五牢與飧同言兼積者則兼不盡止兼四耳言兼積者以其牽與積同故云兼之也侯伯子男皆兼積之不盡言餘又多者謂米禾芻薪醯醢芻米之屬云死牢如飧之陳者亦飪一牢在西腥在東也者約聘禮知之也云牽生牢也陳于門西如積者亦橫陳于門西而東上云米橫陳于

中庭十爲列每筥半斛知然者前殮之陳及積之陳皆約聘禮致饔餼法今於此文積在前已說藏以此饔餼向前知之故云如積也云如積則亦如聘禮饔餼也今此自米已下還約聘禮致饔餼法云公侯伯子男黍粱稻皆二行公稷六行侯伯稷四行子男稷二行者彼云米百筥筥半斛設于中庭十以爲列此上黍粱稻皆二行稷四行此以增稷餘不增故知公稷六行子男米八筥黍粱稻各二行更得二即足故知稷二行云醯醢夾碑從陳亦十爲列醯在碑東醢在碑西者彼注云夾碑在庭之中央也醯在東醯穀陽也醢肉陰也言夾碑故知從陳然侯伯醯醢百甕米百筥上介筥及甕如上賓上介四人米百筥此數多于子男與侯伯等者上公醯如醢百二十甕與王舉百二十甕同故鄭志云此公乃二王後如是王之上公與侯伯俱用百甕子男八十甕其筥米皆同甕數此是尊卑之差至於聘禮乃是臣法自爲一禮不相與亦是損之而益云於公門內之陳也言車衍字耳者言車載米之車不合在醯醢下言之又按侯伯子男醯醢下皆無車字故知衍字也云車米載米之車也聘禮曰十斗曰斛十六斗曰籔十籔曰秉每車秉有五籔則二十四斛也禾稾實并刈者也者聘禮記文云筥讀爲棟梠之梠謂一穧也者四有棟梠之言故讀從之亦曰一穧穧即詩云此有不斂穧穧即鋪也

云指横陳門外者也米在門東禾在門西者皆約聘禮致饔餼法云芻薪雖取數於禾已下鄭以義言也云乘禽乘行羣處之禽謂雉鴈之屬者此禽謂兩足而羽者不兼四足而毛故云雉鴈以其兼有鶡鶩之等故云之屬是以大宗伯以禽作六摯有雉鴈雞鶩之等也云於禮以雙爲數者即此九十五十及士中日則二雙皆以雙爲數是也云殷中也中又致膳示念賓也者此爵爲牢禮之外見賓中間未至恐賓處主人有倦更致此爵所以示念賓之意無倦也云若弗酌謂君有故不親饗食燕也不饗則以酬幣致之不食則以侑幣致之者此皆約聘禮文不言致燕者饗食在廟在寢禮惟言致饗食者以合在廟嚴凝之事不親即須致之燕禮褻不親酌盎不致也云凡介行人鄭云行人主禮宰主具史主書者按王制云大史典禮執簡記大史職亦云執其禮事與此史主書行人云主禮違者大史在國則專主書故曲禮云史載筆士載言此云史止謂大史之屬官以其有爵等故知也云行人主禮者主賓客之禮大行人之類是掌賓禮也按聘禮云史讀書宰執書告備具于君又掌饌具故公食大夫云宰夫具饌于房是掌具也云爵卿也則飧二牢饔餼五牢已下皆約聘禮賓之卿上介之大夫士介四人歸饔餼降殺而言也云此降小禮豐大禮也者小禮謂飧飧則去君遠矣并乘禽之等

皆是小禮也大禮謂饔餼卿五牢子男卿與君等是豐大禮也云以命數則參差難等略於臣用爵而已者依命公侯伯卿三命大夫再命士一命子男卿再命大夫一命士不命并有大國孤一人四命是從孤已下通一命不命有五等若以此命數五等爲之則參差難可等級略於臣用爵而已爵則有三等易爲等級也言略於臣用爵則若不依爵而用命即諸侯爵五等命惟三等行人掌客皆依命是也云夫人致禮助君養賓也籩豆陳于戶東壺陳于東序至下大夫致之知義然者見聘禮致饔餼下大夫韋弁歸禮堂上籩豆設於戶東東上亦以並東陳注設於戶東椑饌位壺設于東序北上南陳醙黍清皆兩壺約此故知之也若然不使卿者按內宰云致后之賓客之禮注謂之諸侯朝覲及女賓之賓客亦內宰是下大夫王后尚使下大夫況諸侯夫人乎故知使下大夫也云於子男云膳視致饗言夫人致膳於小國君以致饗之禮則是不復饗也饗有壺酒者公侯伯夫人致禮則云八壺八豆八籩與膳大牢致饗大牢三者各別彼于男夫人則云視膳致饗鄭云饗有壺酒則致膳無酒矣故云饗有酒若然子男夫人於諸侯惟有二禮矣聘禮夫人於聘大夫直有籩豆壺又不致饗是其差也云卿皆見者見于賓也既見之又膳之壺亦所以助君養賓也者言亦者亦大夫也云卿既

見又膳此聘禮大夫勞賓餼賓之類與者按聘禮聘與賓卿館卿大夫勞賓賓不見大夫奠鴈再拜上介受注云不言卿卿爲大夫同執鴈下見於國君周禮凡諸侯之卿見朝君皆執羔勞上介亦如之又云餼賓大牢米八筐上介亦如之此朝君有膳無勞餼聘客有勞餼無膳明此事相當故云勞賓餼賓之類與約同之故云與以疑之云於子男云親見卿皆膳特牛見讀如卿皆見之見者上公侯伯直云卿皆見以羔於子男即云親見卿作文有異此言親見卿似朝君親自來見卿有此嫌故讀從上文卿皆見以兼之明此見亦是見朝君三卿之內有見者不見者若故造館見則致膳若不故造館見則不致膳是以鄭云言卿於小國之君有不故造館見者故造館見者乃致膳也先鄭說牽云牲可牽行者也故春秋傳曰餼牽竭矣者按僖三十二年左氏傳云杞子自鄭告于秦曰鄭人使我掌其北門之管若潛師以來國可得也秦師將至鄭鄭人知之使皇武子辭焉曰吾子淹久於弊邑惟是脯資餼牽竭矣注餼死牢牽生牢引之證牽亦生牢未殺者也云秅讀爲秅秭麻荅之秅者時有秅秭麻荅之言故讀從之秅是束之揔名如詩云萬億及秭秭亦數之揔號荅是鋪名刈麻者數把共爲一鋪言此者見秅爲束之揔號之意也

凡諸侯之卿大夫士

爲國客則如其介之禮以待之言其特來爲聘待之禮如其爲介時也然則聘禮所以禮賓是亦禮介。〔疏〕注言其至禮介。○釋曰前文云凡介行人宰史是從君之法今言此者見不從君而特來聘問者亦有三等之爵爵卿也爵大夫也爵士也若大聘曰聘卿爲賓大夫爲上介士爲衆介小聘曰問大夫爲賓介皆士也故歷言卿大夫也云待之禮如其爲介之時者則前注爵卿已下是也云然則聘禮凡所以禮賓是亦禮介者此即聘禮致饔餼之時賓與上介衆介皆别行於館者是也

凡禮賓客國新殺禮凶荒殺禮札喪殺禮禍烖殺禮在野在外殺禮皆爲國省用愛費也國新新建國也凶荒無年也禍烖新有兵寇水火也○爲于僞反下同費芳味反〔疏〕注皆爲至火也○釋曰云國新新建國也者謂若刑新國用輕典鄭云新新辟地立君之國故云新建國也云凶荒無年也者此則曲禮云歲凶年穀不登者也云禍災者兵寇來侵爲禍水火來害爲災也云在野在外殺禮者以其野外忽遽禮物不可卒備故亦殺之

凡賓客死致禮以喪用死則主人爲之

具而殯矣喪用疏注死則至之物○釋曰若諸侯之君出
者饋奠之物 行則以三年之戒以椑從死時除棺之
外主人皆借之若臣從者死棺物皆共之云死則主人爲之
具而殯矣者此乃在館權殯還日以柩行知者時賓死以柩
造朝是也云喪用者饋奠之物者小斂
特豚一鼎大斂時特豚三鼎之類是也

賓客有喪惟芻稍之受 不受饗食饗食加也喪謂父母死也客則又有君
爲芻給牛馬稍人稟也其正禮殯襚饋主人致之
則受○稍所教
反舊疏詔反 疏 注不受至則受○釋曰上文賓客身死
此文據爲賓客聘至彼國後有喪來告
者云惟芻稍之受者若行師從卿行旅從須得資給故受芻
稍也云不受饗食饗食加也者二者並速賓於廟飲食之事
故自爲而不受之聘禮亦云聘君若薨于後入境則遂受禮
注云受饗餼也不受饗食云喪謂父母死也者據正賓而言
若諸侯正○應母死而有父者或始封之君舊爲卿大夫容有
父或父有廢疾不立已受位於祖亦云有父也云客則又有
君喪者謂介已下非直有父母又有君喪以其俱三年故聘
禮若有私喪則哭于館衰而居云芻給牛馬者從行之牛馬
云稍人稟也者師從旅從須給稍即月稟是也殯襚饋主人
致之則受者以正禮故受之若饗食加主人致之亦不受也

遭主國之喪不受饗食受牲禮牲亦當爲腥聲之誤也有喪不忍煎烹◦正禮飧饔餼常熟者腥致之也◦煎子然反劉子賤反亨普庚反劉普孟反【疏】注牲亦至之也◦釋曰牲亦當爲腥者亦上文公與子男腥三十有六當爲腥是也主人有喪不忍煎烹腥致之也按聘禮聘遭喪入境則遂也注云遭喪主國君薨也主人畢歸禮注云賓所飲食不可廢也禮謂饔餼饗食賓惟饔餼之受注云受正不受加饗食雖主人歸賓賓不受其加若饗主人致之亦應受以其正受腥禮

掌訝掌邦國之等籍以待賓客等九儀之差數【疏】注等九儀之差數◦釋曰九儀之差數即大行人命者五爵者四以九以七以五爲差數是也若將有國賓客至則戒官脩委積與士逆賓于疆爲前驅而入官謂牛人羊人舍人委人之屬士訝士也既戒乃出迎賓【疏】注官謂至迎賓◦釋曰云國賓客至者謂五等諸侯及其臣來朝聘至謂入畿內至廬宿市當共待之以委積有牛羊豕米禾芻薪之等故知戒官者謂牛

人巳下也舍人掌給米稟委人掌芻薪之委布於道遺人道上十里有廬廬有飲食三十里有宿宿有委五十里有市市
有積之等是也**及宿則令聚欜**令令野廬氏。廬力於反（疏）注令令野廬氏。釋曰知
令野廬氏其職云有賓客令其地之民聚欜之故知也**及委則致積**以王命致于賓（疏）
注以王命致于賓。釋曰凡致禮于賓無非王命故知以王命**至于國賓入館次于**
舍門外待事于客次如今官府門外更衣處待事于客通其所求索。索色白反（疏）
注次如至求索。釋曰賓客至王使卿致館掌訝既爲賓客前驅入館掌訝次止于舍門外待事于客于次如今官府門
外更衣處舉漢法以況之即今門外亦然**及將幣爲前驅**道之以如朝。道音導下文注道之
道賓道王同（疏）注道之以如朝。釋曰將幣謂至行朝聘之日道之以如朝謂至大門外之朝也**至**
于朝詔其位入復及退亦如之鄭司農云詔其位告客以其位次也
入復客入則掌訝出復其故位也客退復入迎爲之前驅至于館也玄謂入復者入告王以客至也退亦如之如其爲前

驅○退復扶又反爲于僞反亦如字（疏）注鄭司至前驅○釋曰解諸侯外朝之法有二稱解之或解取閔公傳季友將生閒于兩社爲公室輔注云兩社周社亳社此二社在大門內內門外既云兩社爲公室輔則外朝所在也或解以爲聘禮聘賓在外卒以柩造朝柩不可入公門造朝朝在大門外可知是其兩解不同驗此文云于朝者即是大門外陳擯介之處言朝即外朝在大門外於義可矣云詔其位者謂告賓門外立位云入復者復白也白王賓已至位云及退亦如之者賓客行朝聘訖出還館謂之退亦如前與之道至館先鄭以入復爲掌訝詔客自復巳之故位後鄭不從以入復爲入白王於義爲允也 **凡賓客之治令訝訝治之** 賓客之治謂欲正其貢賦理國事也以告訝訝爲如朝而理之○治直吏反注下同爲于僞反下注爲同（疏）注賓客至理之○釋曰但諸侯之理其事衆多鄭以貢賦爲主兼再理國事以該之 **凡從者出則使人道之** 從者凡介以下也人其屬胥徒也使道賓客之從者營護之○從才用反注同（疏）注從者至護之○釋曰從者凡介以下也者上掌客凡介行人宰史從賓客來者皆是從者也知人是其屬胥徒也者訝士即下士下士使人明使

在下胥徒之等故知胥徒也云營護之者使不得侵陵從者也及歸送亦如之如之者送至於竟如其前驅聚橑待事之屬○竟音境〔疏〕及歸送亦如之○釋曰來時訝爲之道今歸又爲之道及聚橑待事皆如前故云亦如之凡賓客諸侯有卿訝卿有大夫訝大夫有士訝士皆有訝此謂朝覲聘問之日王所使迎賓客于館之訝〔疏〕注此謂至之訝○釋曰此訝是諸侯朝覲卿大夫士聘問之日訝之入至朝聘之時按聘禮記云卿訝卿大夫訝大夫士訝士皆有訝賓即館訝將公命注云使已送待之命又見之以其摯注云訝將舍於館之外宜相親也聘問之日亦使之訝者但天子有掌訝之官即館之訝餘事皆掌主之惟朝覲聘問之日使卿大夫訝諸侯兼官故大夫士爲訝賓即館時即爲之訝與此掌訝不同也凡訝者賓客至而往詔相其事而掌其治令○相息亮反

掌交掌以節與幣巡邦國之諸侯及其萬民

之所聚者道王之德意志慮使咸知王之好惡辟行之節以爲行信幣以見諸侯也咸皆也辟讀如辟忌之辟使皆知王之所好者而行之知王所惡者辟而不爲○好呼報反注下皆同惡烏路反注同辟音辟注同【疏】掌交至行之○釋曰按序官掌交中士八人今言掌以節與幣巡邦國之諸侯及萬民之所聚者道王之德意志慮使咸知之者天下九州千六百餘國使皆周徧必無徧理今言之者蓋是國有不和洽者徧使知之也使和諸侯之好有欲相與脩好者則爲和合之【疏】注有欲至合之○釋曰下有結其交好爲朝聘則此好謂使爲婚姻之好也是以鄭云有欲脩好者則爲和合之達萬民之說說所喜也達者達之于王若其國君○說音悅注同【疏】注說所至國君○釋曰掌交旣巡民間見民有喜說之事王與國君未知掌交通達于王及國君也掌邦國之通事而結其交好通事謂朝覲聘問也【疏】注通事至問也釋曰言邦國通事是兩國交通之事惟有君臣朝覲聘問之事結使交好故以朝覲聘問解則易云先王建萬國親諸侯也以

諭九稅之利九禮之親九牧之維九禁之難九戎之威諭告曉也九稅所稅民九職也九禮九儀之禮九牧九州之牧九禁九法之禁九戎九伐之戎○難乃旦反【疏】注諭告至之戎○釋曰云九稅所稅民九職也者太宰云以九職任萬民既任之使之營種因即稅之三農生九穀稅九穀園圃蓏草木稅草木九稅唯臣妾聚斂蔬材者無稅故言九稅耳今掌交還以此九稅之法告曉使之任之稅之故云九稅所稅民九職也云九禮九儀之禮者以其大行人小行人掌訝皆掌九儀之禮以其專據諸侯國不得以大宗伯九儀解此也言之親則朝聘是也云九牧之維者大司馬九法建牧立監以維邦國故云維九禁之難言大司馬設九法使邦國有所畏難云九戎之威者大司馬設九伐有所威刑故言難言威也

掌察闕

掌貨賄闕

朝大夫掌都家之國治都家王子弟公卿及大夫之采地也主其國治者平

理其來文書於朝者○治直吏反注下同（疏）朝大至國治○釋曰都家同言國者雖有百里五十里二十五里不同皆謂之國此則王制云畿內九十三國者也云國治者都家有文書來者平理之也○注都家至朝者○釋曰王子弟亦以親疏分置於三處食采地公卿大夫者公百里任疆地卿五十里任縣地大夫五十里任稍地

日朝以聽國事故以告其君長○國事故天子之事當施於都家者也告其君長使知而行之也君謂其國君長其卿大夫也○長丁文反注同（疏）注國事至夫也○釋曰云日朝者朝大夫日日在朝以聽受國事故天子之事以告采地之君長也云君謂其國君長其卿大夫也者摠而言之皆曰國君別而言之惟三公及王子弟得稱國君卿大夫摠稱長是以司裘國君共熊侯豹侯卿大夫共麋侯是其別稱也

國有政令則令其朝大夫使以告其都家之吏（疏）注使以至之吏○釋曰上文據天子國事遣朝大夫告君長此經據天子政令告朝大夫之事

凡都家之治於國者必因其朝大夫然後聽之唯大事弗因謂以小事文書來者朝大夫先

平理之乃以告有司也大〔疏〕凡都至弗因○釋曰此經據事者非朝大夫所能平理都家有事上諸王府之事

凡都家之治有不及者則誅其朝大夫不及謂有稽殿之○殿都練反〔疏〕注不及至殿之○釋曰都家治有不及稽殿誅朝大夫者以其朝大夫專主都家責其不能催促故也

在軍旅則誅其有司有司都司馬家司馬〔疏〕注有司至司馬釋曰言此者見軍旅不干朝大夫之事都司馬王家之司馬王臣爲之者家司馬鄉大夫使家臣自置其司馬者也諸言闕者皆是因秦燔滅其籍漢興購求不得也

都則闕

都士闕

家士闕

附釋音周禮注疏卷第三十八

泰州盧氏宣旬校刊

大清嘉慶二十年重
用文選樓藏本校

知南昌府張敦仁著鄱陽縣候補知州周澍栞

周禮注疏卷三十八挍勘記　阮元撰盧宣旬摘錄

附釋音周禮注疏卷第三十八

司儀

所謂爲壇壝宮也　大字本無爲此衍

冬禮月四瀆於北郊　大字本月下有與諸本皆脫監本冬誤東

三成爲昆侖丘　諸本同釋文亦作昆侖大字本作崑崙

公善言義　閩監本同誤也大字本錢鈔本嘉靖本毛本善作言當據以訂正

明者木也　孫志祖云明上脫方

謂執玉而前見於王也　大字本前見誤倒釋文出見王二字則於當爲衍文

王燕則諸侯毛　唐石經諸本同釋文曰諸侯毛劉本作耄音毛按劉昌宗本知古文經借耄爲毛

旅讀爲旅於太山之旅　大字本岳本嘉靖本皆作大山閩監毛本改泰山非疏中並同

按聘禮遣卿行勞禮　惠挍本同閩監毛本按誤彼

車迎拜辱者　閩監毛本同誤也大字本宋本嘉靖本迎作逆當據正此引經句當如經作逆

車送迎之節　大字本作迎送誤倒

立當車軹也　大字本無也

交賓三辭者　閩監毛本賓作擯

主人坐奠爵于階前　閩監毛本階作堦

致飧如致積之禮　錢鈔本嘉靖本閩監本同釋文唐石經大字本毛本飧作飱下同○按作飱與說文合作飧則易與唐人所作餐字混

賓車進荅拜　唐石經大字本嘉靖本同閩監毛本荅改答非注及下同此本疏中亦作荅

賓當爲儐　大字本儐作擯下並同按疏中引注云敵者曰擯釋文云依注賓音擯皆從手作擯漢讀考云以賓爲儐古文假借也聘禮少牢饋食儐字亦多作賓依說文儐擯同字皆訓導也而鄭君說禮擯爲導儐爲禮賓其分別與許不同

三還三辭主君一請者賓亦一還一辭　浦鏜云者字當在三還三辭下按釋文云主君一請賓亦一還一辭者引注請下無者當如浦說

既入門迴面東　浦鏜云而誤面

車送拜辱已是主人　浦鏜云逆誤送

惟饗食速賓耳　大字本惟作唯

公於賓一食再饗　閩監毛本一作壹下同

致聘郊送亦然可知也　惠挍本聘作贈此誤

恐凝顛到 到古倒字浦鏜云倒誤到非

儐主君也 大字本儐作擯下同

謂玉帛皮馬也 賈疏引注作謂玉帛乘馬也諸本作皮誤

君遣卿勞 浦鏜云遣誤遺

賓當爲擯 諸本擯作儐此與下同

擯用束錦 大字本閩監毛本同岳本嘉靖本擯作儐

釋曰按諸禮 閩監毛本作儀禮

惟君相入 大字本嘉靖本惟作唯

享及有言 大字本岳本下有也

鄭司農云說私面 錢鈔本嘉靖本閩監毛本同誤也大字本岳本作鄭司農說無云字當據以刪

正六經正誤所據本已衍

楚公子棄疾見鄭伯以其乘馬私面錢鈔本閩監毛本同大字本宋本嘉靖本棄作弃乘作良當據正作乘馬者當依今本左傳改

雖是異國之臣閩監毛本是作見

寡君命臣于庭大字本作命使臣諸本皆脫使字當補○按此無使字亦可

客從拜辱于朝唐石經諸本同釋文作客刅云本又作從同刅爲从之訛

君館至于朝閩本同監毛本于改於非下引經句準此

行夫

元謂夷發聲漢讀者云故書作夷今書作焉司農從故書鄭君從今書也夷發聲當是焉發聲之誤焉猶於也於行人之使則爲之介焉爲發聲見禮記三年問淮南時則訓公羊傳宣六年楚辭招魂今俗本多誤

環人

介介野廬氏也 錢鈔本廬誤盧

事不畏門關苛留 浦鏜云事疑自字誤

象胥

謂其君以世一見來朝 釋文作壹見非

以不能行中國禮及其行朝聘 惠挍本以作雖聘作覲此誤

不是中國 此本不字實缺今據惠挍本補閩監毛本作亦非

而言協其辭言傳之者 此本而字實缺今據惠挍本補閩監毛本作今言

謂若外之衆須譯語者也 閩本同監毛本若作君

而口侑其禮儀 大字本宋本嘉靖本作詔侑閩監毛本作相侑非

謂王有賜與之者也　此本者字實缺今據惠挍本補閩監毛本作禮非

掌客

無一一相敵　惠挍本同閩監毛本一一誤并爲二

王巡守殷國　唐石經諸本同沈彤云國當作同字之誤也

殷同則殷國也　按當作殷國則殷同也賈疏本是殷國

牲三十有六　唐石經三十作卅下米百有二十筥二十作廿下並同○按開成石經之例書三十皆作卅書二十皆作廿而仍讀爲三十二十不比古文卅讀穌合切廿讀人執切

車秉有五籔　閩監本同誤也唐石經大字本錢鈔本嘉靖本毛本乘皆作秉當據正葉鈔釋文作五藪

乘禽日九十雙　唐石經大字本嘉靖本同閩監毛本雙作雙非

三饗再食再燕　唐石經諸本同浦鏜云内宰賦金疏及覲禮注並作再饗三字誤

致饗大牢　唐石經諸本同閩監本饗誤饔石經考文提要云宋本九經宋纂圖互注本附釋音余仁仲本皆作致饗

醯醢八十罋　閩監本罋誤甕

其米實于筐　大字本作其簋實于筐非也

簠稻粱器也　浦鏜云粱誤粱按閩監毛本疏中引注作粱

宜爲二十八　閩監本同誤也大字本錢鈔本嘉靖本毛本二作三當據正

與陪鼎三　大字本錢鈔本嘉靖本毛本同閩監本陪作倍疏中仍作陪按釋文作倍鼎

皆陳於門內者　諸本同大字本於作于

不稾實并刈者也　大字本嘉靖本同誤也錢鈔本閩監毛本稾作稾當據正釋文亦作稾葉鈔本從木非

十筥曰稯釋文作曰緵云本又作緵○按字从禾㚇聲不同㲃字有四點

筥讀爲棟梠之梠漢讀考作讀如云今本作讀爲誤

尊其君以及臣也閩監毛本同大字本嘉靖本及下有其當據補

以其爵等爲之牢禮之數陳浦鏜云陳數字誤倒

卿見又膳賈疏引注云卿既見又膳諸本俱脫既字

秅讀爲秅秭麻荅之秅大字本岳本嘉靖本同閩監毛本作秅秭麻荅非○按說文荅小尗也尗者豆也字从艸借以爲問荅字从竹大誤

侯伯四積皆眂飧牽惠挍本皆上有亦飧當从夕

對文脩是鍛脩惠挍本閩本同監毛本鍛誤段○按儀禮作段脩段椎也說文無腶字後人加肉旁

宰聘賓大夫帥至館卿致館　惠挍本同閩監毛本聘賓倒卿字毛本同閩監本誤鄉

見公食大夫及特牲少牢豆　浦鏜云豆當禮字誤

既約聘禮爲禮器　浦鏜云與誤爲

爲比公四十二侯十八　浦鏜云挍誤侯

云其餘衰公又當三十　惠挍本餘作於此誤

故疑而生蓋也　浦鏜云生當云之誤

云鼎牲器者謂亨牲體之器　惠挍本器下有也此脫監毛本亨改烹閩本誤享

與腸胃鮮魚鮮腊　監本胃誤胄

宰聘禮米禾皆二十車者　浦鏜云三誤二

四有榱梠之言　四益世之訛閩監毛本作卽益時之誤

櫅卽鋪也　漢讀考鋪作秿云今本誤

更致此餼　浦鏜云餼當膳字訛

饔食在廟在寢　惠挍本廟下有燕此脫

則若不依餼而用命　惠挍本若作君此誤

彼子男夫人　惠挍本彼作於此誤監本男誤另

卿爲大夫同執鴈　浦鏜云與誤爲

似朝君親自來見卿　浦鏜云來誤夾

言其特來爲問　閩監本同誤也大字本錢鈔本嘉靖本毛本作聘問當據以訂正

然則聘禮所以禮賓　閩監本同誤也大字本錢鈔本嘉靖本毛本聘禮下有凡字當據以補正

大斂時特豚三鼎　宋本無時此衍

惟餅稍之受　錢鈔本閩監毛本同唐石經大字本嘉靖本惟作唯當據正

其正禮殯饗餼　閩監本同誤也大字本錢鈔本嘉靖本毛本作饔餼當據以訂正此本及閩監本疏中亦作饔餼

卿行旅從　閩本同監毛本卿誤鄉　下卿大夫監本誤鄉

正應毋死而有父者　按正當止之誤

師從旅從須給稍　惠校本須上有者

遭主國之喪　此本主誤三閩監本誤王今據唐石經諸本訂正

有喪不忍煎烹　閩監本同大字本錢鈔本岳本嘉靖本毛本烹作亨當訂正釋文亦作亨

正禮殯饔餼常熟者　閩監本同毛本作常孰皆誤也大字本岳本嘉靖本作當孰者當據以訂

正

亦上文公與子男䐶三十有六盧文弨云䐶當作牲

掌訝

則戒官修委積按大字本修作脩

告客以其位次也閩監毛本同大字本宋本嘉靖本次作處當據正儀禮經傳通解亦作處

兼再理國事以詺之惠按本再作有此誤

王所使迎賓客于館之訝大字本嘉靖本閩本同錢鈔本監毛本于作於

卿訝卿大夫訝大夫士訝士浦鏜云卿下誤衍訝卿二字

使巳送待之命閩監毛本送誤還按送當作迎

掌交

蓋是國有不和洽者閩監本同毛本和洽作知治

逵者逵之于王大字本嘉靖本閩本同錢鈔本監毛本于作於疏同

園圃蓏草木浦鏜云蓏誤蔬

朝大夫

見宦旅不于朝大夫之事監毛本同誤也閩本于作干當據正

都則自都則起至家士闕止唐石經大字本錢鈔本嘉靖本毛本同閩監本缺

周禮注疏卷三十八挍勘記終

南昌袁泰開挍

傳古樓景印